［図解］
やってはいけないランニング

速さと持久力が一気に手に入る走り方

鈴木清和

青春出版社

はじめに

ここ数年、健康維持やダイエット目的で走り始めたのをきっかけに、フルマラソンを目指すランナーが増えています。しかし、一見〝誰でも走れる〟せいか、痛みやケガによりランニングを断念する人も多いようです。これは大変残念なことです。

私自身、大学で駅伝部に所属し箱根駅伝を目指してトレーニングを続けていましたが、ケガを抱え、満足に走れなくなってしまいました。それでもトップアスリートと競い合い勝負したい。

そんな思いから、一般的に知られている対処法はすべてと言っていいほどやりつくしました。しかし、一時的に良くなることはあっても、痛みは残り、思い描いていたような結果を残すことはできませんでした。

その後、治療院、整形外科、スポーツ医科学センターなどで研究を続け、ひとつの答えを見出しました。

それは、問題を抱えているランナーは「体型に合った走りができていない」ことでした。

私たちには生まれ持った体の違いがあるのに、教科書通りの、ひとつの〝正しい走り〟を習得しようと一生懸命になります。これこそが、「やってはいけないランニング」だったのです。

もしも今、伸び悩んでいたり、ケガをしているのならば、何か新しいことにチャレンジするチャンスです。頑張るだけ、体力まかせのランニングではなく、体の構造を知ったうえで丁寧に走る。これだけで驚くほど体はラクに、気持ちよく走れることでしょう。

本書では、前著『やってはいけないランニング』のノウハウをさらにわかりやすく、バージョンアップさせて掲載しました。困った時や迷った時、さらなる向上心や探究心が芽生えた時、解決の糸口を見つける一助となれば幸いです。

スポーツマイスターズコア代表　**鈴木 清和**

本書の使い方

<<<<<< 知る

「走るってなに？」という人も
「走ると腰や膝が痛くなる」、「もっと速くなりたい！」という
人たちも、まずは正しく走れているのか確認してみてください。
フォームや練習のやり方など、目からウロコの情報が満載です

自分の体に合う走りがわかる！

本当に“正しい”走り方ができていますか？
あなたの骨格から正しい走り方を導きます

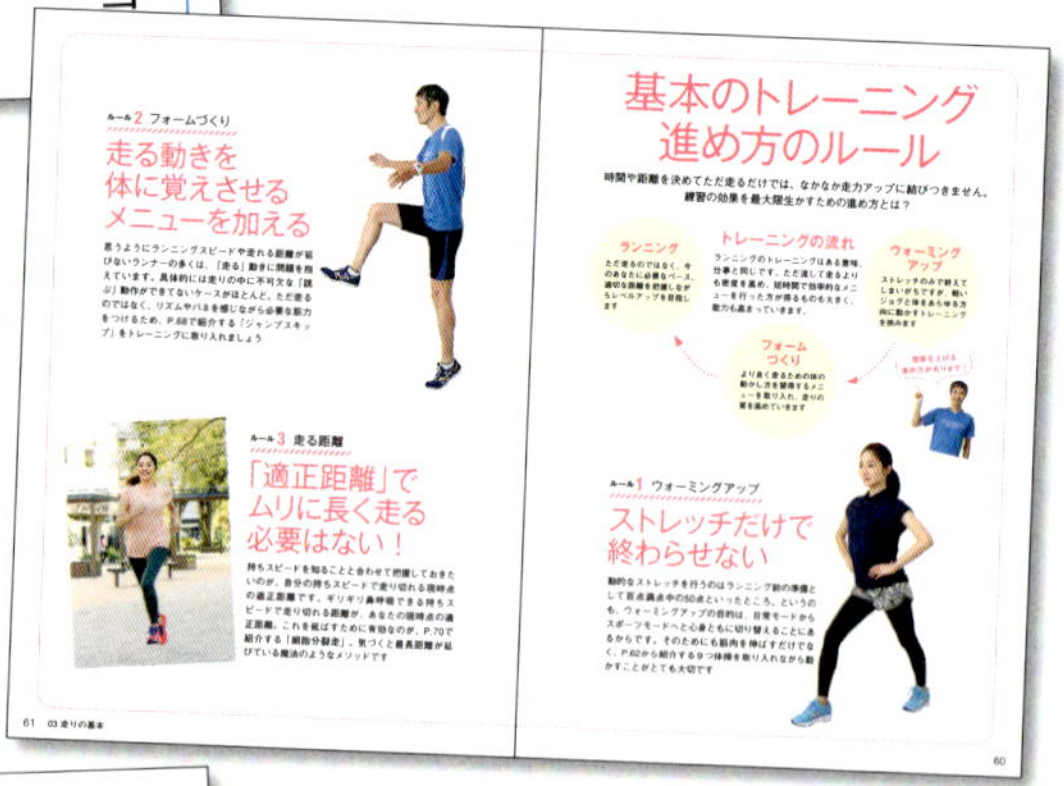

練習のやり方がわかる！

ただ走っているだけでは速くなりません。
効率のいいトレーニング方法を紹介します

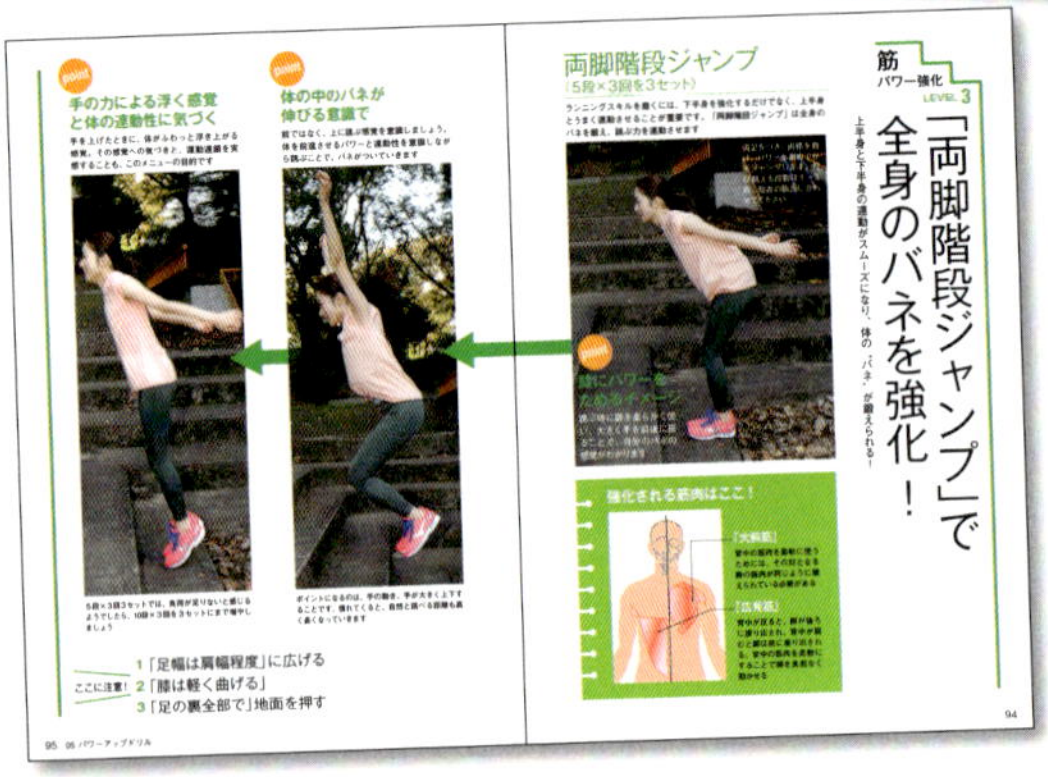

弱点補強ができる！

さらなる走力アップのためのドリルで
伸び悩みを防ぎましょう

実践する

「どれくらい走ればいいのかわからない」、
「張り切って始めたけど、苦しくて挫折…」。
そうならないように、ムリなくステップアップできる練習メニューを紹介。
巻末の記録ノートを活用すれば楽しくランニングを続けられます！

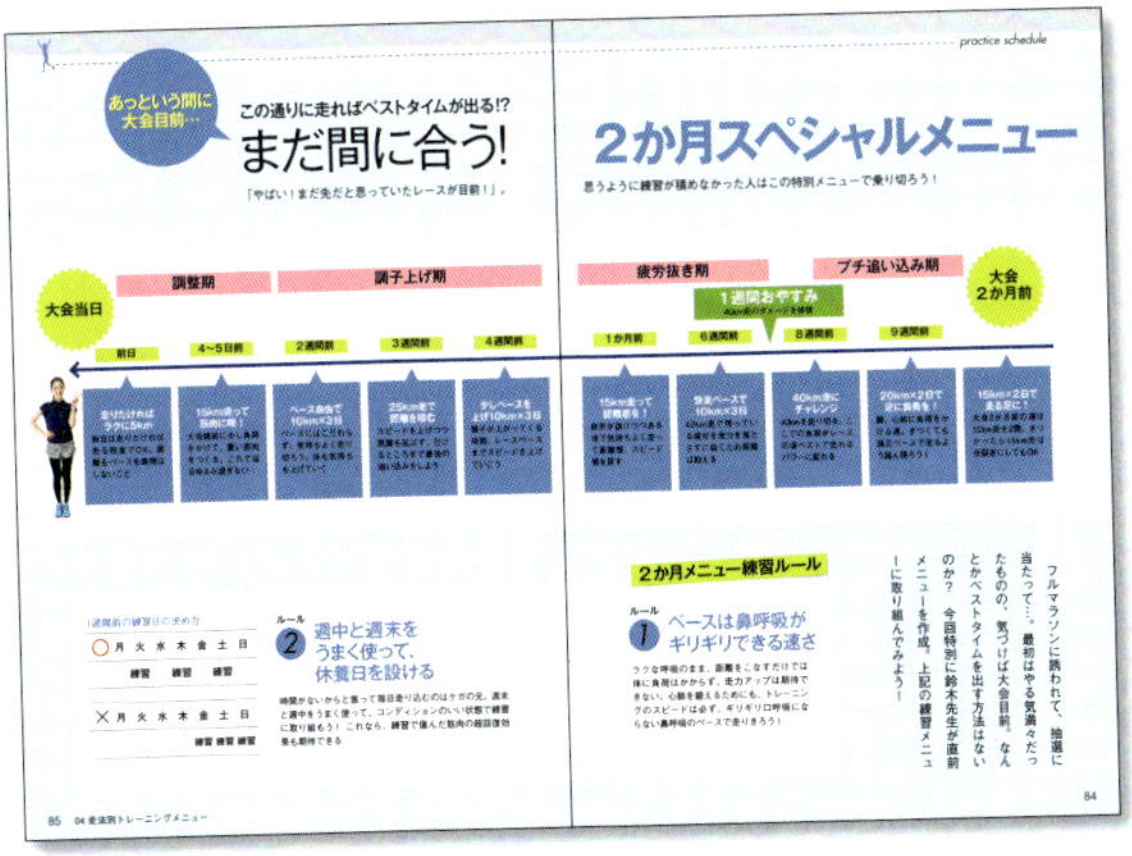
practice schedule

あっという間に大会目前…

この通りに走ればベストタイムが出る!?

まだ間に合う!

「やばい！まだ先だと思っていたレースが目前！」。

2か月スペシャルメニュー

思うように練習が積めなかった人はこの特別メニューで乗り切ろう！

大会当日　調整期　調子上げ期　疲労抜き期　1週間おやすみ　プチ追い込み期　大会2か月前

前日　4～5日前　2週間前　3週間前　4週間前　1か月前　6週間前　8週間前　9週間前

2か月メニュー練習ルール

ルール1　ペースは鼻呼吸がギリギリできる速さ

ルール2　週中と週末をうまく使って、休養日を設ける

フルマラソンに誘われて、抽選に当たって…。最初はやる気満々だったものの、気づけば大会目前。なんとかベストタイムを出す方法はないのか？　今回特別に鈴木先生が直前メニューを作成。上記の練習メニューに取り組んでみよう！

85　84

すぐに使えるトレーニングメニュー

年間、月間、直前の
トレーニングメニューを考案！

成長がわかるから続く！

レースが待ち遠しくなる特別付録。
コピーして自分だけの練習日誌にしよう

目標レース　年　月　日　目標タイム　時間　分　秒

大会の約3か月前　大会の約半年前

現在の適正距離　km　計測日　年　月　日

大会の約1年前　大会の約9か月前

目標　か月目の距離トライアル　（ギリギリ鼻呼吸で走れる距離）　km

121　120

CONTENTS [目次]

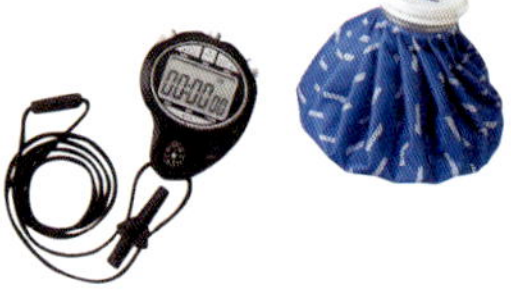

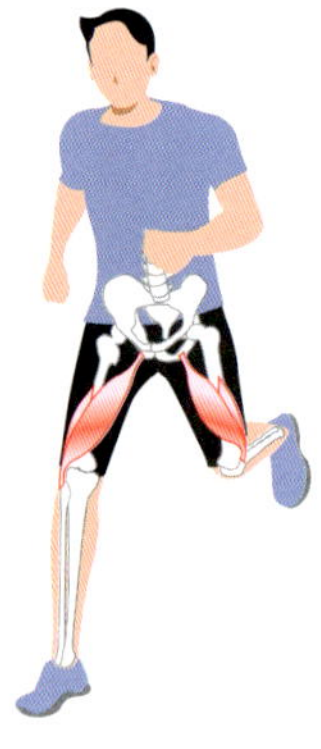

ムダな努力をいつまで続けますか？

02 確実に走りが変わる！ 〝骨格〟に合った走り方

03

足の動き、呼吸、ペース…
ランナーならまずは知っておきたい走りの基本

04

フルマラソン完走、記録更新を狙うための走法別トレーニングメニュー

05 〝走る筋肉〟を鍛えて さらに速くなる！ パワーアップドリル

06
靴や食事の選び方も知りたい！
ランニングQ&A

01

やってはいけない ランニング 10のケース

ランニングは誰もが簡単に始められるからこそ、
正しい走り方を知れば、走れる距離がグングン延び、速くなります。
しかし、多くの人が間違いだらけのランニングにマジメに取り組み、
ケガや記録が伸びないと悩んでいます。
本書ではその悪循環から抜け出すための正しい知識をお伝えします！

やりがちなランニングの間違い case 1

初心者は「ウォーキング」から始める NG

「日頃、運動する習慣のないランニング初心者は、いきなり走らず、ウォーキングから始めましょう」

あなたも、そんなふうにアドバイスされたことがあるかもしれません。たしかに運動習慣を身につける意味でウォーキングは役立ちますが、軽やかに走ることを目指すなら、最初に取り組むべきトレーニングは別にあります。

なぜなら、ウォーキングとランニングでは使う筋肉が異なるからです。そこでオススメなのが「ジャンプスキップ」（P68参照）です。跳ねながら進むジャンプスキップは、両足が地面から離れる瞬間を無理なく作り出せる動作。この動きを繰り返すことで、ランニングに必要不可欠な跳ぶ感覚やタイミングといったスキルが身につくだけでなく、ハムストリングスである大腿二頭筋、半腱様筋《はんけんようきん》や、坐骨《ざこつ》、股関節、脛《すね》に至るまでの筋肉を刺激。ランニングに必要な筋力が鍛えられていきます。日頃から走っている人にとっては、新しいメニューに取り組む楽しさがあり、初心者には走る土台を鍛える効果があります。

まずは「スキップ」でランニングに必要な〝跳ぶ力〟をつける

ウォーキングとランニングでは使う筋肉が違う

「歩く」と「走る」は単に進む速度が違うだけではありません。使う筋肉が違います。
また、バネを推進力にするランニングでは「腱」の柔軟性もカギに

ウォーキングでは「ヒラメ筋」が重要

一歩前に踏み出し、着地。「ぐっ」と踏ん張る反動で後ろ足が地面を離れ、足は体の真下に。この動作を繰り返し、前に進むウォーキングでは「ぐっ」と踏ん張る時に使う「ヒラメ筋」が重要になります

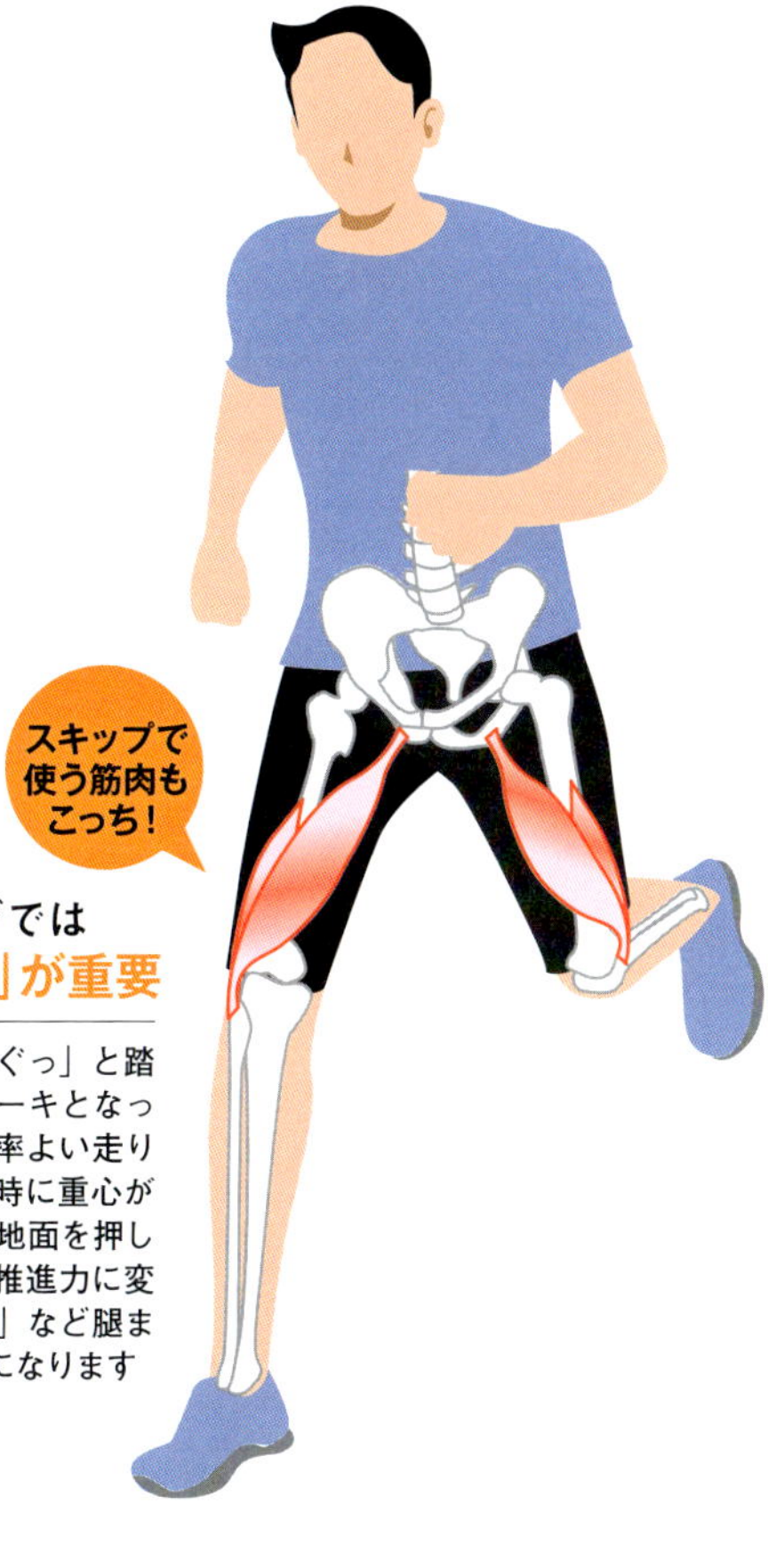

ランニングでは「大腿二頭筋」が重要

ランニングでは「ぐっ」と踏ん張る動作がブレーキとなってしまいます。効率よい走りは、着地とほぼ同時に重心が足の真上に移動、地面を押し出すエネルギーを推進力に変える「大腿二頭筋」など腿まわりの筋肉が重要になります

やりがちなランニングの間違い case 2

正しいフォームを意識して走る

NG

ケガをしないため、快適に走るためのスキルと聞くと、すぐに正しいランニングフォームのことを思い浮かべる人が多いようです。

たしかに、教則本やランニングブームを特集した雑誌には、必ずランニングフォームに関するページがあります。美しい立ち姿のモデルさんが最新のランニングファッションに身を包み、颯爽《さっそう》と駆けていく連続写真。背筋を伸ばし、腕を振り、腰を高く保ち、軽やかに走っている……ように見えます。

しかし、私たちは一人ひとり、身長や体重はもちろん、足の長さや大きさも異なります。

モデルさんのような細身の体の人と、中肉中背のがっちり体型の人が、同じフォームを学んだところで、それはお互いに共通する「正しいフォーム」、「美しいフォーム」にはなりえないでしょう。

私がいつもランニングクリニックで伝えているのは、お仕着せの「正しいフォーム信仰」を捨て、「自分の体の

これが真実

フォームには自分の骨格に合ったものがある！

声を聞く」という主観的な走り方を身につけていくこと。大切なのは自分が走ってみての感覚を信じることです。

　同じ顔、同じ考えの人がひとりとしていないように、体型もまた、人それぞれ。ランニングに理想のフォームがないと書いたのは、体型が異なれば、理想もまた異なるからです。

　また、フォームが異なると、楽に進める速度も異なります。ママチャリとシティサイクルとロードレーサーで楽に走ることのできる速度が違うように、体型によって適したスピードがあるのです。

　その快適なスピードより遅く走ることもまた、長続きしません。その人その人に適切な「楽に走るにはこのくらいだ」というスピードを持続できるようにランニングスキルを磨くこと。それが、ケガのないランニングライフにつながります。

走るとあちこち痛くなる…
その原因は「理想のフォーム」にあった!?

“正しいフォーム”が体の負担を強いているのかもしれません

腰痛

腰高を意識するあまり、「反り腰」になっているかもしれません

がそく炎

膝の内側の腱や骨がこすれて炎症に。脚の動かし方に無理が生じているかも

ランナーズニー

距骨《きょこつ》下《か》関節《かんせつ》の過剰回内が原因のひとつ。ランナーに最も多い故障といわれている

後《こう》脛《けい》骨《こつ》筋《きん》腱《けん》機能不全

内くるぶしから内側縦アーチにかけての腫れと痛み。扁平足の原因にも

“型”が違うのに無理やりあてはめようとすれば、歪みが生じるもの。体も同じです。“正しいフォーム”を意識すればするほど、歪みは大きくなっているかもしれません

シンスプリント

ランニングで生じる脚への衝撃を正しく吸収できない場合に発症しやすい

慢性コンパートメント症候群

下肢の内圧が上がり、血行障害が起きる。足首など関節の使い方にも原因が

初心者向けの講座をしていると、「走る時は腕を振るもの」「腕は前後にしっかりと振ると速く走ることができる」と思い込んでいるランナーが少なくありません。

しかし、腕を前後に振れば前に進むエネルギーになるわけではないのです。むしろ、動かし方のポイントを理解していないと、走りのブレーキとなることのほうが多いといえます。

たとえば、大きく腕振りをしようと、腕を一生懸命後ろに引けば前進を阻みます。また、自分の体型に合わない方法で腕を振りながら走っていると、体全体がブレてしまわないよう、無意識のうちに体幹に力が入ります。すると、腕の動き、足の振り、それぞれがバラバラになってしまい、運動の連動性が失われていくのです。

理想としては、手と腕の動きが体幹を通じて足の振りにつながり、足の振りが体幹を通じて腕の動きにつながること。この連動がスムーズであればあるほど、前へ進む推進力が増していきます。

やりがちなランニングの間違い case 3

速く走るために一生懸命、腕を"振る"

これが真実

腕を〝振る〟より手を〝回す〟といい

腕を振ろうと頑張るほどブレーキがかかる

前に進むために一生懸命やっていることが裏目になっている

前に進む力と逆の力が働く

腕振りには、腕を「振る」時点で死点、つまり動きが止まる瞬間があり、前進への大きなロスに。また大きく振ろうと腕を後ろへ引くほどブレーキとなる

そこで、ランニング初心者へのアドバイスとしては、腕を前後に振ろうとするのではなく、体のバランスを取るために「手を使う」イメージを持つことをオススメしています。

最初は手を下に降ろし、体の動きに合わせ、肩を動かすだけでも十分です。雑誌などで紹介されている、かっこいい理想のフォームからほど遠いかもしれませんが、体を前に運ぶという動作を感じ取るには不用意に腕を振らないことがプラスに働きます。

そして、ある程度、感覚がつかめてきたら、手を振るのではなく、「回す」動きを意識していきましょう。

体型別にフィットする手の回し方、動かし方は後述しますが、大切なのは自分に合った手と腕の使い方を身につけること。リズムよく回す感覚がつかめると、手、腕、体幹、足と体の動きの連動がスムーズになり、走る速度が上がっていきます。

やりがちなランニングの間違い case 4

目標とする「月間走行距離」を決めるNG

「今よりも速くなりたい」「もっと長い距離を走れるようになりたい」といった目標を掲げている方ほど、陥りやすい罠《わな》が月間走行距離を定めてしまうことです。

毎日、楽しみながら走るのはすばらしい習慣ですが、走行距離を意識するあまり、適当な省エネ走りを身につけてしまうと、自分の持っているスピードが出せなくなっていきます。そして、スピードが出せないとタイムは頭打ちに。つまり、走る量を増やしたことが、質の低下につながってしまうのです。

こうした事態を避けるために大切なのは、メリハリをつけたランニング。なぜなら、トレーニングの原則のひとつに「過負荷の法則」というものがあるからです。

これはトレーニングを行う時に、ある一定以上の負荷で運動しなければ効果が表われないという原則。人間には環境適応能力があるため、同じ負荷のトレーニングをしていても次第に体が適応してしまい、効果が薄くなってしまうのです。

これが真実

走る距離だけ増やしても速くはならない

あなたがもし、一度、身についた走力を維持するため、義務感やストレスを感じながら走っているのなら、まず毎日走るのをやめてしまいましょう。合わせて、練習メニューについても再検討してみるべきです。

たとえば、5キロ走り切る力のあるランナーが、10キロをクリアするためには、練習の質と量を変える必要があります。能力を伸ばすためには、より強い負荷をかける必要があるからです。

ちなみに、私が主催しているランニングチームの練習は週に1回。チームでの月間走行距離は20キロ～100キロ程度ですが、その練習だけでフルマラソンを3時間切りで完走したランナーもいます。

これは、走行距離を気にせず、各ランナーの体に適切な刺激を与えていった結果です。社会人の場合、しっかりと走る日が週に一度でもあれば、自分らしい走りを身につけられると考えています。

「距離」を意識すると体はラクしようとする！

メリハリなく走り続けていると、頭では気合十分でも、体は怠けようと…

体が怠けようとするメカニズム

目標距離を決める

▼

距離を意識するあまり
体は省エネで走ろうとする

▼

スピードが出ない走りが身につく

▼

タイムは頭打ちに…

やりがちなランニングの間違い case 5

走るペースは「1キロ5分」などタイムで決める NG

巷《ちまた》には、「1キロ5分、3キロ15分を目指す」「フルマラソンを4時間30分での完走を目標に。1キロ6分ペースを目指す」など、さまざまな情報が溢れています。

しかし、適切なランニングのペースは人それぞれ。一番やってはいけないのは「1キロ◯分」というように、タイムで区切って、走りを合わせていく方法です。

なぜなら、ランナーには一人ひとりの持ちスピードがあり、適正速度があるからです。

では、自分の現時点での持ちスピードはどの程度なのか。その答えは鼻呼吸にあります。まず、鼻呼吸で400メートルを走ってみます。その際、どんどん速度を上げていきましょう。すると、最後には呼吸が苦しくなって口が開きますが、開く直前のペース、ここが最大酸素摂取量の50%前後の走りであり、あなたの走力が上がる適性速度となります。

この速度でのトレーニングを続けていると、最大酸素摂取量は増えていき、速度も徐々に上がっていきます。

これが真実
ギリギリ鼻呼吸で走れる速さが適正ペース

走る時は「鼻呼吸」か「口呼吸」か

ランニング中、呼吸にまで意識がいっていますか？

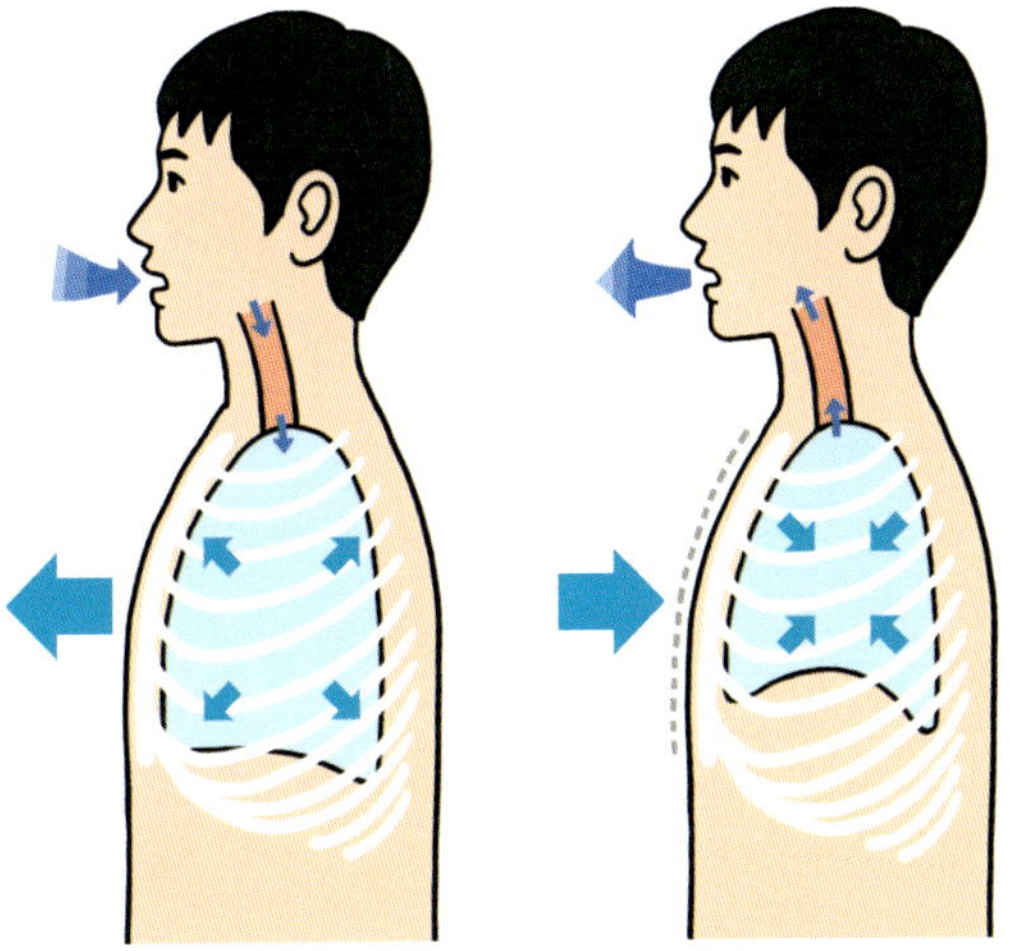

酸素を大量に取り込める分、心肺を鍛えるには負荷がかかりにくい。また、肋骨を動かすので肩が上がりやすく姿勢を崩しやすい

「口呼吸」は姿勢悪化と運動能力低下を招く

口は胃や腸と結びついた器官で消化器の入り口。冷えた空気をそのまま取り込んだり、口内を乾燥させてしまう。また、肩の上下により姿勢悪化を招きやすい

酸素を効率的に取り込める「鼻呼吸」

鼻は肺と結びついた器官で呼吸器の入り口。しかも、加湿、浄化機能があり、効率的に酸素を体内に供給しやすい

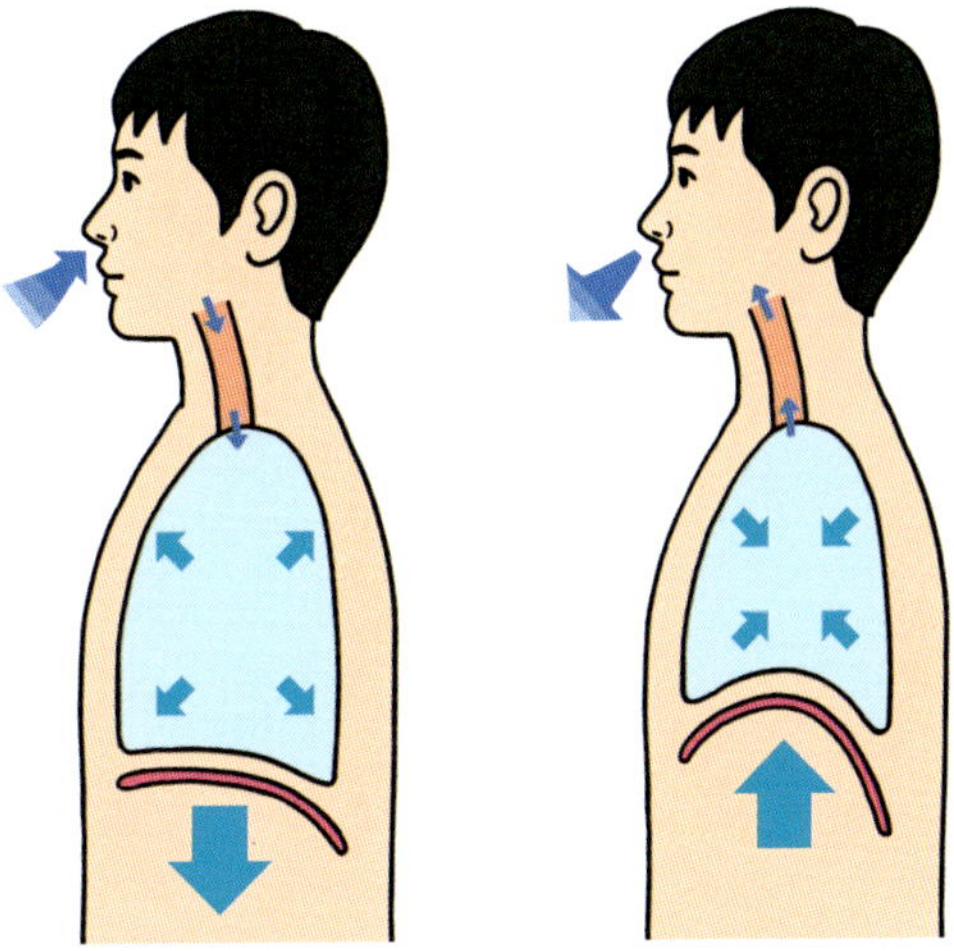

腹式呼吸に適した鼻呼吸は、横隔膜を使うことで体幹が安定するという利点もある

やりがちなランニングの間違い case 6

1日休むと取り戻すのに3日かかる

学生時代に部活動を経験していた人ほど、練習を休むと罪悪感を感じる傾向があります。しかし、大人になってからのランニングでは、そんな必要ありません。なぜなら「1日休むと取り戻すのに3日かかる」という説は当てはまらないからです。

中学校、高校の部活の練習が連日きついのは、成長期の特徴を生かすためです。この時期の体は毎日、身長がミリ単位で伸びることがあるように、一晩寝るだけで超回復の時間になるほど、変化していきます。

ただし、それ以降は競技志向の体育会でも、意識的に回復のための時間を設けるのがスタンダードです。

たとえば、私が大学の駅伝部で練習していた時も、きつい練習、刺激の強いポイント練習はだいたい週に3回でした。それ以外の日に行われるメニューは、積極的な疲労回復のためのもの。ましてや大人になった今、中高大の時代と同じ練習メニューで自分を追い込んでも、超回復は期待できません。

これが真実 刺激の強い練習は「週1」でOK！

負荷を減らし、強い刺激を与える練習は最大でも週に2回もあれば十分です。それ以外は体を休めましょう。仕事もプライベートも忙しい社会人にとって重要なのは、トレーニングに変化をつけること。頑張ったなと感じる強度の練習の後、体が次にあなたの頑張りに応えてくれるのは、ある程度、回復してからです。

筋繊維を破壊して、埋め治す。この繰り返しが強くなっていく作業ですから、無理は禁物。大人だからこそ、回復の時間をしっかりと取ってあげるということが大切です。

もちろん、毎日体を動かすことがルーティンワークとなっていて、頑張った次の日も体を動かしたい方もいると思います。そういう場合、追い込んだ後2〜3日は、のんびりとウォーキングや軽いジョギング程度というのが、積極的疲労回復の一つの目安になります。

休養がパフォーマンスを向上させる

ランニング後は筋組織が傷ついています。この状態でトレーニングを重ねると、傷はひどくなるばかりでついにはケガを誘発することに。きちんと休みを取って、コンディションがいいと質のいい練習ができ、効率よく走力を伸ばせます

良かれと思って毎日ハードトレーニングを積んでも、体は悲鳴をあげるだけ

休養を適切に取るとコンディションのいい状態を維持でき、練習をするほど飛躍できる

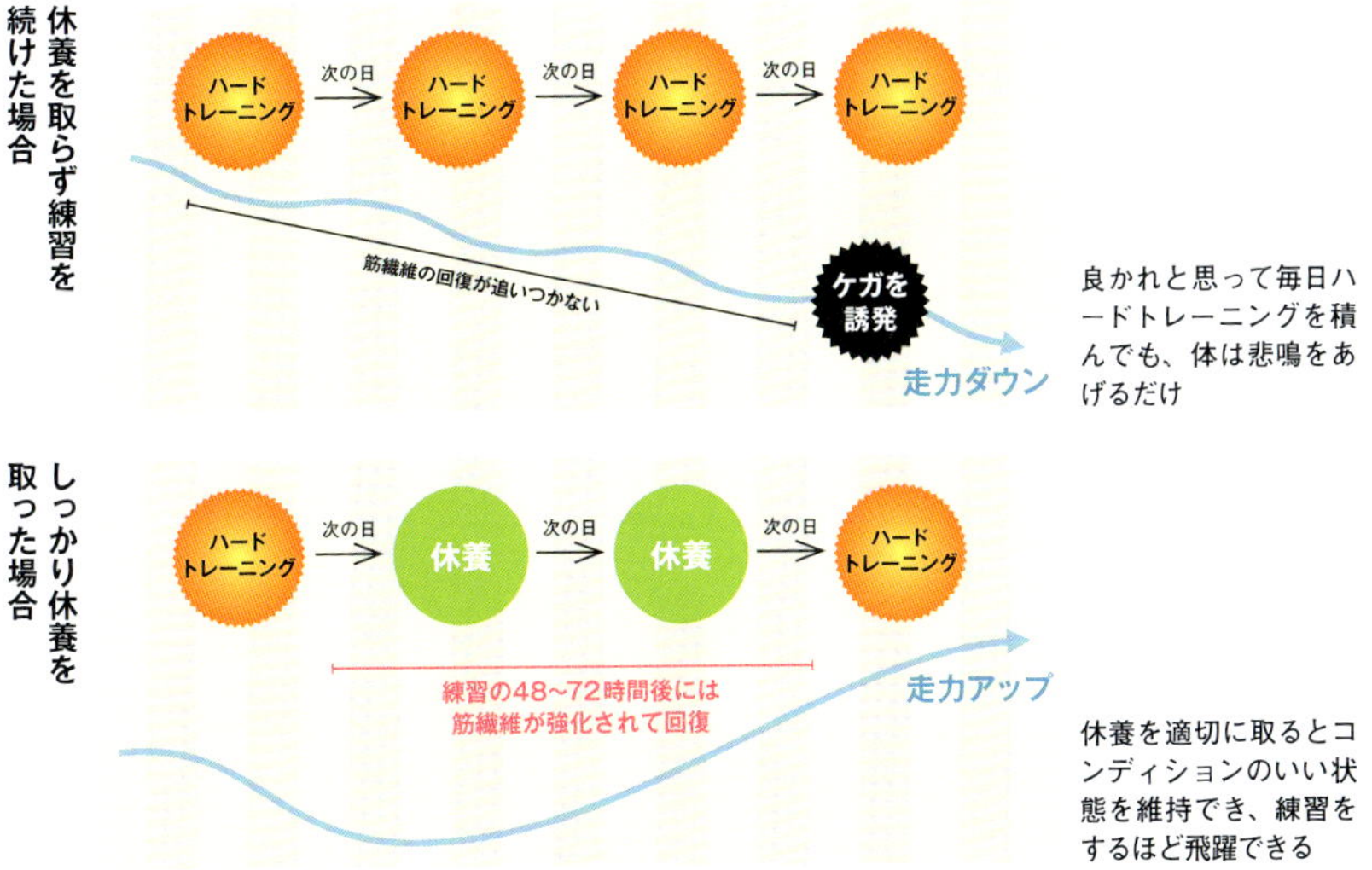

やりがちなランニングの間違い case 7

痛みはまず「冷やす」ことが大事

NG

多くのランナーは、ランニング中に体の痛みを感じたことがあるでしょう。そこで、大切になってくるのが、違和感があった後の対応です。

一般的には患部を冷やすアイシングを含めた応急処置の基本として、RICE（ライス）が推奨されています。

・Rest（安静）
・Ice（冷却）
・Compression（圧迫）
・Elevation（挙上）

異変を感じたら、安静を保ち、患部を冷やし、圧迫しながら、心臓よりも高い位置に置く。「ＲＩＣＥ」は、この安静、冷却、圧迫、挙上の４つの単語の頭文字をとったもの。打撲や捻挫など、スポーツで発生しやすいケガの多くに対応できる応急処置です。

処置が迅速であればあるほど、ケガの回復は早くなるので、応急処置の方法としてＲＩＣＥは重要です。

しかし、その流れからか、痛みがある場合には、「何

これが真実

痛みは何でも冷やせばいいわけではない

その痛み

冷やしてOK？ お風呂で簡単チェック法

走った後、体に痛みを感じた時の対処法

お風呂に20分つかる

20分は浸かっていられる湯温でじっくり体をあたためる。血行が良くなり、筋肉の緊張がゆるまる。全身がほぐれているのがポイント

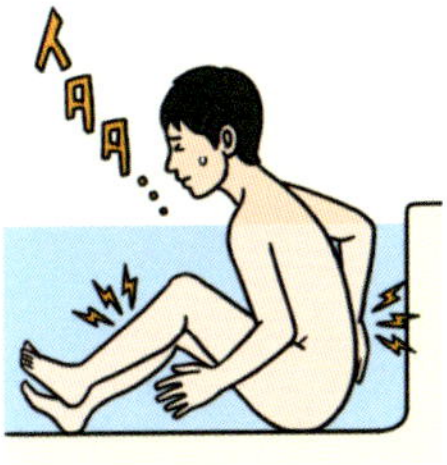

痛みを感じる部分がないかチェック

お風呂からあがり、痛み具合を確認。痛みが取れていれば、患部周辺だけでなく、痛みの根元の緊張やこわばりが取れたということ

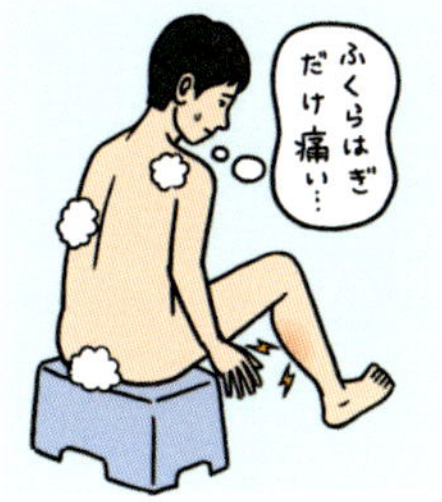

痛みのある部分だけ冷やす

お風呂からあがってもまだ痛みを感じる部分は炎症が残っている部分。応急処置としてアイシングし、早めに病院で診察してもらう

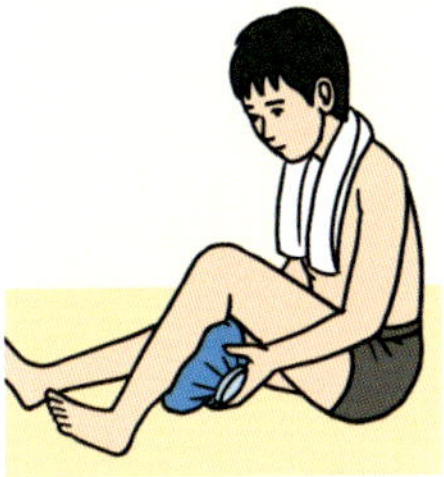

でもかんでもすぐに冷やせば良い」という誤解が生まれているようです。

たとえば、腸《ちょう》脛《けい》靱《じん》帯《たい》炎《えん》。膝の横にある靱帯で、多くのランナーが違和感や痛みを訴えやすい部位です。もしも、この靱帯が周辺の筋肉の緊張の高まりによって炎症を起こし、痛んでいるとしたら、アイシングをするよりも全身を温め、筋肉を緩ませることをオススメします。

このように、ランニングでの痛みについて考える場合、痛みの原因を探ることが大切です。

体の痛みを感じた時、私のランニングクリニックでは「湯船でチェック」を推奨しています。体が温まり、緊張が解けることで、痛みや違和感がなくなるケースも少なくありません。もちろん、その場合は冷やす必要はありません。本当に冷やすべき部分があれば、痛みが増してきますので、その時に、その部分だけをアイシングすれば良いのです。

やりがちなランニングの間違い case 8

ダイエットのために息が切れるまで走る

NG

ダイエットを目的にランニングを始めた方の多くは、私から見ると非常にもったいない走り方をしています。一生懸命、走り過ぎているのです。

ダイエットで大切なのは、脂肪を燃焼させること。ところが、人の体は必死に頑張って走ってしまうと、脂肪よりも先にグリコーゲンをエネルギー源として使い始めてしまいます。

意外なことに、脂肪をエネルギー源として燃やすためには、頑張り過ぎないことが大切になってくるのです。

そこで、キーワードとなるのが、「最大酸素摂取量」。これは私たちが、体の隅々まで酸素を行き渡らせることができる能力を示したもの。この最大酸素摂取量の50%程度のペースで走る状態がもっとも効率的に脂肪燃焼が進むとされています。

では、その50%をどうつかめばいいのか。

心拍数を基準にするなど、細かな計測方法はいくつかありますが、何の機械も使わず、体感で脂肪燃焼にちょうどいい酸素摂取量の状態を知る方法があります。

それは、口を閉じて「ふんふん」と、鼻だけで呼吸ができるギリギリのペースで走っている状態です。

苦しさを感じて、口を開いて呼吸をし始めたら、それは頑張り過ぎたランニングになっている証拠。脂肪燃焼ではなく、グリコーゲンがエネルギー源となり、乳酸も溜まっていきます。

短距離走などに必要な瞬発系の筋力は鍛えられますが、乳酸で筋肉が疲れてしまうので、長い距離を走り続けることはできません。

つまり、運動強度が強すぎるランニングでは、脂肪は思うように燃焼しないということです。

ダイエット効果や疲労回復を狙って走る時は、鼻で「ふんふん」と呼吸できる運動強度で、うっすらと汗がたれるくらいのペースを維持しましょう。30分程度のランニングで十分なダイエット効果を得ることができます。

これが真実

鼻呼吸で走れるペースが脂肪燃焼に効く

走るペースによって体への影響が違う

一生懸命走るほど、体は脂肪燃焼から遠ざかる!

息切れするペースでランニングする

この時、体では…

「ブドウ糖」をエネルギー源にしている

脂肪よりも先にグリコーゲンがエネルギーとなる。また、糖を使うことで乳酸も溜まっていくことに

その結果

脂肪も疲労も溜まる

呼吸できるペースでランニングする

この時、体では…

「脂肪酸」をエネルギー源にしている

脂肪をエネルギー源として燃やすには酸素が必要。呼吸できるペースのランニングは最大酸素摂取量の状態

その結果

脂肪が燃える

私は理想の走り方を「やわらか走」と呼んでいます。力の抜けた頼りない走り方に聞こえるかもしれません。

しかし、走りで重要なのは、頑張らず、力まないこと。頑張りや力みは、筋肉の硬さを生み出します。そして、硬くなった筋肉がまかなえない仕事は、他の部位が背負うことになります。その結果、疲労が蓄積し、硬さが広がると、足が攣《つ》る状態や関節の痛みとなって表れます。

もし、加速して一気に走り切る必要がある100メートル走ならば、私は「やわらか走」を勧めません。全力でのダッシュには、頑張りや力みが生み出す加速が不可欠です。しかし、ランニングやその延長線上にあるマラソンを走り切るには、上下のブレやロスがなく、体に無理のない走りが必要なのです。だからこそ、あなたの体型にあった走り方を身につけ、体にストレスを溜めず、できるだけ硬い部分を作らずに前へ進んでいきましょう。

タイムを伸ばすためには、苦しさやキツさを乗り越え、頑張ることが不可欠だというわけではないのです。

やりがちなランニングの間違い case 9

苦しい・キツイを乗り越えないとタイムは縮まない

これが真実

「力まず」「頑張らず」がケガなく記録を向上させる近道

頑張りはエネルギーロスのサイン!?

頑張る人ほどムダの多い走りをしているかもしれません

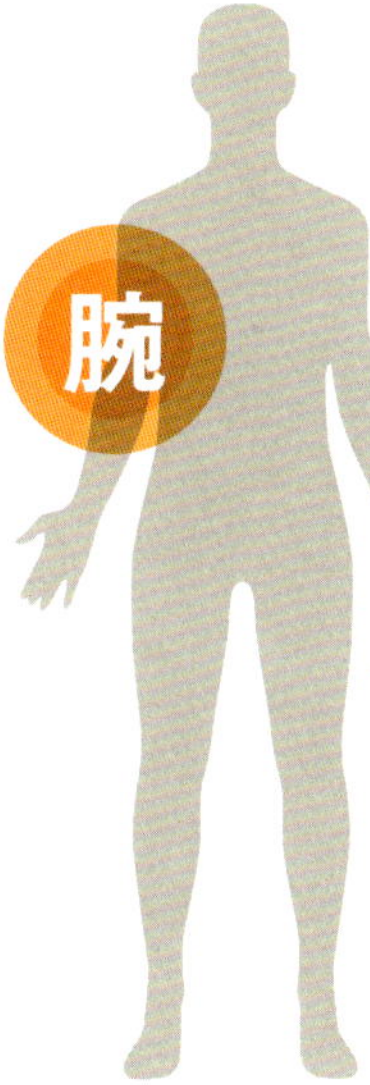

大きく振るほどペースダウン

腕を前後に振るということは動きが止まる時があるということ。前へ前へと進むためには、「止まる」「引く」という動きは走りにはマイナス。大きく腕を振るほど、より多くのエネルギーが必要となる

口呼吸はエネルギー効率が悪い

口呼吸は横隔膜の動きが小さく、肺に深く酸素を取り込めない。また、酸素と交換される二酸化炭素が体内に残ったままなので、血液が運搬できる酸素量が減り、エネルギー効率も低下

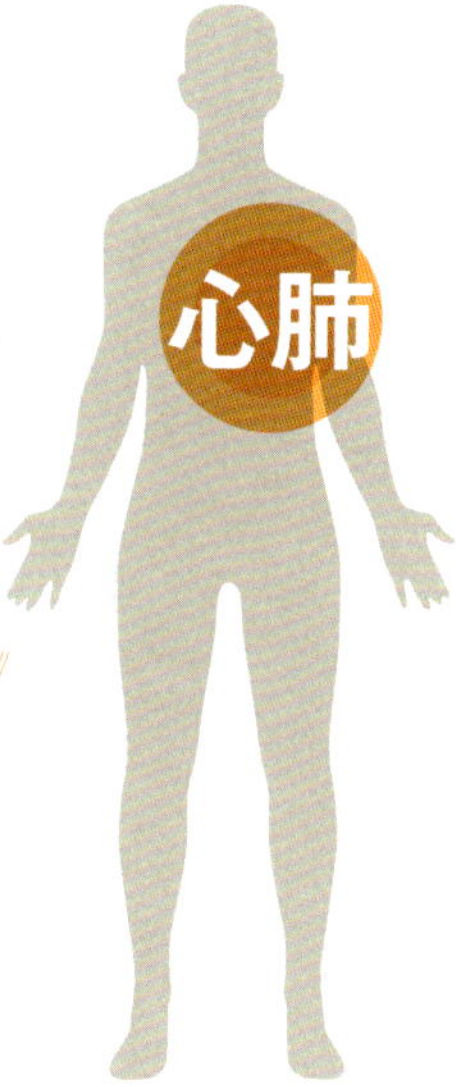

脚は踏ん張るほどブレーキをかける

力強い踏み込みや蹴り上げは、長距離を走る場合には過剰なエネルギー。しかも体の下や後ろへ力が伝わるので、前へ進むスピードを殺すことになる

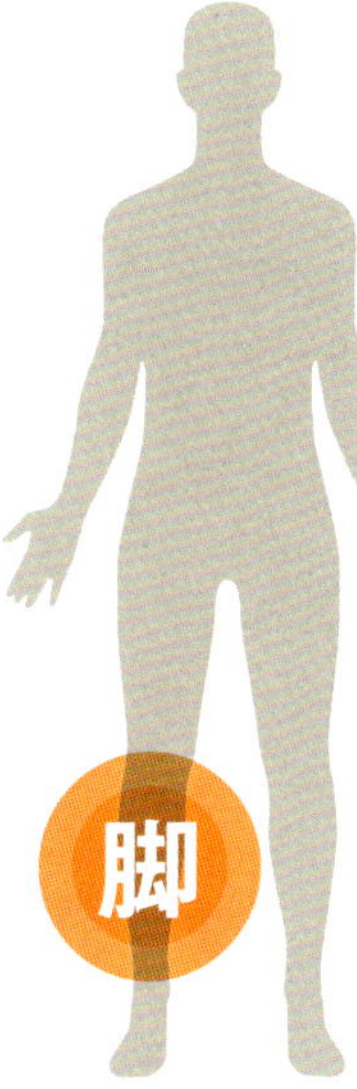

やりがちなランニングの間違い case ⑩

大会に出たら、最後は歩いてでもゴールを目指す

NG

フルマラソンを目指すランナーのみなさんがぶつかる難関として、「30キロの壁」という言葉があります。スタート地点から走り始め、徐々に体力がなくなり、30キロ地点で力尽きてしまう。それでも強い気持ちで歩いてゴールしたと聞くと、メンタルの強さを感じます。

しかし、ここで「過負荷の法則」を思い出してください。走れない限界に達しているほどの負荷がかかった状態で、必死に歩くと、走るための筋肉よりも歩くための筋力がつきやすくなるのです。

これは非常にもったいないこと。1つのレースを次につなげるためには、体が追い込まれた状態でゴールを走り抜けてください。

そのためにすぐできる方法があります。それは、考え方を少しばかり柔らかくすること。みなさんは、スタート地点からゴールに向かう時、走りださなければいけないと考えがちです。

しかし、完走することを目標にするなら、ゴールから

これが真実

ゴールで駆け抜けるために、最初に歩く

逆算するのが正解。ランニングには、スタートからイーブンペースで走らなければならないなんてルールはありません。ゴールまで自分なりのペースで走り切れる地点を、あなたのスタート地点にすればいいのです。

つまり、35キロならなんとか走れるのなら、レースのスタート地点から7キロまでは疲れない速度で歩けばいい。そして、7キロ地点をあなたのスタート地点にします。すると、これまで通り、35キロ走ればフルマラソンを完走することができます。スタートからではなく、ゴールから逆算する。この発想があれば、人より少々時間がかかっても自分の実力の範囲内で結果を残すことができるのです。

そうやって完走した後に、「もうちょっと余力が残っていたな」と感じたら次に生かせばいいだけです。このように考え方を変えてみると、ランニングの常識の非常識が見えてきませんか。

歩くタイミングで今後の走力に差がつく！

「いつも歩いてゴールしてしまう…」。それは歩く筋肉を鍛えることに

走れなくなったからといって、休むことはできません。しかし、ここで必死に“歩く”と走るための筋肉よりも歩くための筋肉がつきやすくなります。歩いてスタートしても、最後に“走り切る”ほうがランニング能力は向上します

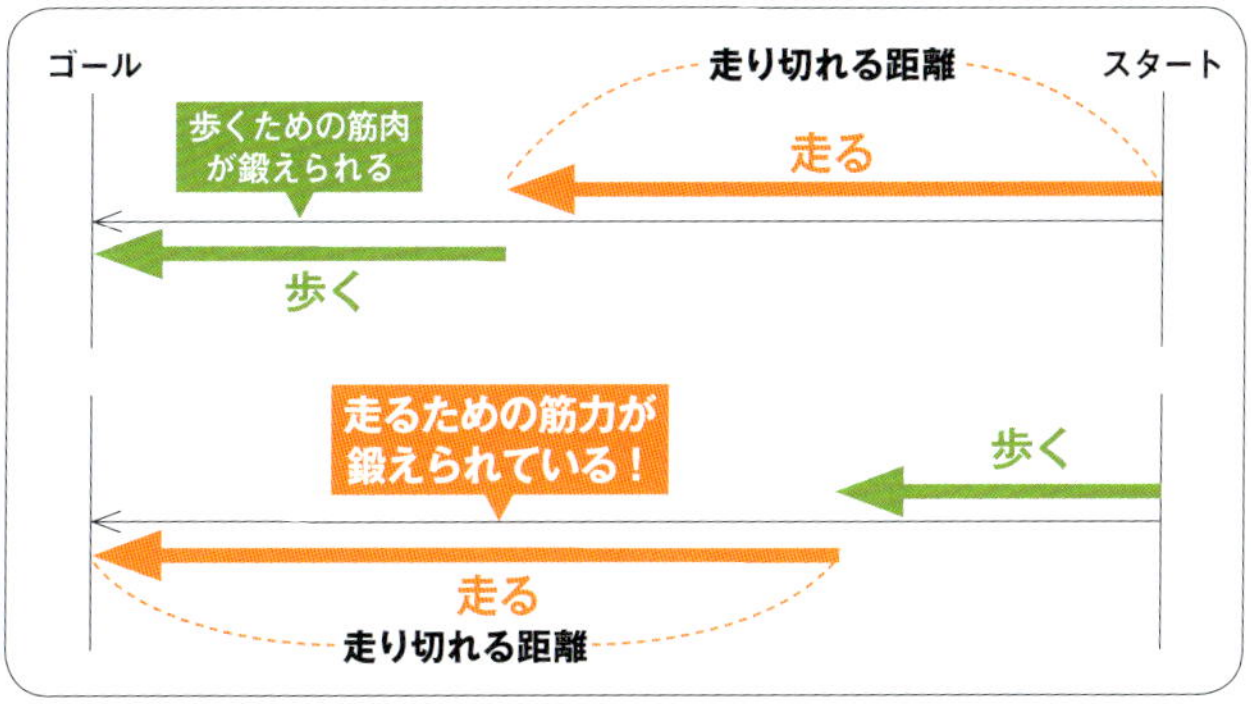

column. 1

ランニングスキルの重要性

私たちは誰に教わったわけでもなく、「走ろう」と思って駆け出すと、走ることができてしまいます。この手軽さは、すばらしいことである反面、ランナーの体に小さくない危険をもたらしています。

たとえば、野球や水泳など、他のスポーツを始める時のことを考えてみてください。私たちは、ボールの投げ方やバットの扱い方、バタ足や息継ぎの方法など、そのスポーツに必要な体の動かし方を学んでいきます。

ところが、ランニングの場合、走るための体作りや体の使い方を学んでから始める人は少数派です。その結果、多くのランナーが膝や腰、足首などのケガに悩まされています。私の主催するランニングクリニックにも、楽しく走っていたのにケガをしてしまった……という相談が途切れることなく、寄せられています。

誰もが簡単に始められるスポーツだからこそ、スキルについて考えることなく、好きなだけ走り続けてしまう。ケガをしたら休み、痛みが引いたら違和感を抱えながら「ほどほどに走れる」とランニングを再開する。この繰り返しではいつまでたっても、あなたに必要なランニングスキルは身につきません。

走れることと、ケガなく快適に走ることは似て非なるもの。見落とされがちなスキルを学び、いつまでも快適なランニングを楽しみましょう。

02

ムダな努力をいつまで続けますか？

確実に走りが変わる！“骨格”に合った走り方

この章では、“ あなたに合った ” 走り方を
身につけるための方法を紹介していきます。
正しい走り方が身につけば、速さも持久力も激変します！

ムダな努力を
いつまで
続けますか？

“正しいフォーム”を知らないと いつまでたっても「長く」「速く」走れません！

走力アップの近道は「骨格」にあった

ランニングに万人に共通する理想のフォームはありません。それは同じ顔、同じ考えの人がひとりとしていないように、体型もまた、人それぞれだからです。体型が異なれば、理想の動きもまた異なります。

自分の体型を考えず、正しいとされるフォームを真似して走ると、腕を振り、大股で堂々としたフォームに見えます。しかし、実際には前に進む以外のところでたくさんのエネルギーがムダになっています。

たとえば、脛《すね》が長いタイプの人が、いわゆる理想のフォームで走ると脛から下が長いため、膝を上げ過ぎるフォームになります。

すると、どうなるのか。膝が上がり過ぎるため、キックの度に体のバランスが崩れ、上体にのけぞる力が働いてしまいます。後ろに引っ張られるわけですから、当然、前に進む推進力が失われていきます。

この問題を解決するためには、足の運びを脛の長い人向けに調整する必要があるのです。

一方で、胴が長い体型の人、いわゆる脚が短い人では、この膝が高く上がるという問題は発生しません。これが体型ごとに適したランニングフォームが異なるという一つの例です。

このように、体型に合ったフォームを探ることが結果的には力まず、頑張らず、ロスなく、ケガなく走ることにつながります。とはいえ、マンツーマンでアドバイスのできるランニングクリニックとは違い、書籍の中では、全員の体型に合わせたオーダーメードのランニングフォームの提案はできません。

そこで、本書では私が長年の経験から導き出した平均的な3つの体型、つまり〝骨格〟から、それぞれに適した走り方について、アドバイスしていきたいと思います。

骨格チェックでわかる！
あなたに合う走りの〝型〟はコレ

わかりにくい自分の骨格タイプは、体の3つの部位を測るだけで、あっという間にわかります

まずは…

自分の体の長さを測る

股関節を中心に肩とくるぶしまでが計測の対象です。肩から股関節の長さをA、股関節から膝までの長さをB、膝からくるぶしまでの長さをCとします

肩から股関節までの長さ

A ＿＿＿＿＿ cm

股関節から膝までの長さ

B ＿＿＿＿＿ cm

膝からくるぶしまでの長さ

C ＿＿＿＿＿ cm

すると…

Ⓐ〜Ⓒの合致する項目から体型に合ったフォームがわかる！

脚を大きく使う「スイング走法」タイプ

詳しくはp38へ

「スイング走法」は、股関節から下を大きく振り子のように振って走る走法です。狭い歩幅を活かし、回転数やパワーで前へ進む力を見出し、地面を掻きながら走ります

Ⓐが一番長い

(Ⓐ>Ⓑ+Ⓒ)

体幹（A）が股関節から下よりも長い人は（脚が短い）、胴長で脚全体を大きく振る「スイング走法」タイプ。回転数やパワーで体を前に持っていく走りが向いています

全身のひねりをパワーに！「ツイスト走法」タイプ

詳しくはp42へ

「ツイスト走法」は、上半身と下半身を別方向にひねりながら走るのが特徴的な走法です。背中と肩まわりの筋肉を使って推進力を生み出し、走る力に変えていきます

Ⓑが特に長い

(Ⓐ<Ⓑ+Ⓒ)

体幹（A）よりも股関節からくるぶしまで（B＋C）が長く、腿《もも》が脛よりも長い人は「ツイスト走法」タイプ。肩を大きく振ることで推進力を得ることができます

蹴り上げる力で前に！「ピストン走法」タイプ

詳しくはp46へ

「ピストン走法」は、膝を上下させやすい脛の長い体型の人に向いた走り方。腿裏の大きな筋肉でエネルギーを生み出し、足裏に伝えながら推進力としていく走法です

Ⓒが特に長い

(Ⓐ<Ⓑ+Ⓒ)

体幹（A）よりも股関節からくるぶしまで（B＋C）が長く、脛が腿よりも長い人は「ピストン走法」タイプ。膝をエンジンのピストン運動のように上下させる走り方です

最適な走りに変わる❶
スイング走法の特徴

腕振りよりも呼吸よりも「脚」の使い方で速くなる!

実は脚が短いのはマラソンにとって大きな強みに! 脚の使い方をものにしよう

骨格によって適した3つの走法があるように、それぞれ、足の運び方、手の回し方、腕の振り方にも骨格による向き不向きがあります。

「スイング走法」は、股関節から下を大きく振って走るフォームが特徴です。

その際、足の運びの関係から、つま先が上に向くので着地は踵《かかと》からとなります。つまり、力の起点となるのは足。着地でしっかりと地面を蹴り出すことが、前へ向かうエネルギーを生み出してくれるのです。

特徴 3

足で地面を掻くように前に進む

胴の長いスイング走法の人は、足で地面を掻きながら進む力が強いという特徴があります。ふくらはぎの筋肉を意識して、着地の衝撃をバネに変え、足裏で地面を掻くように蹴り出していきましょう

特徴 4

脚全体を振り子のように大きく振りながら走る

スイング走法の最大の特徴は、狭い歩幅で回転数を上げながら、脚を大きく振って走っていくランニングフォームにあります。膝を上げるのではなく、前に出すようなイメージで足を運んでいきましょう

スイング走法タイプのフォームの特徴

特徴
1

顔が少し上向きになると体の軸がぶれない

スイング走法タイプの人がラクに走れるのは、顎が前にでて、少し上向き加減になった姿勢です。一見、パクパクと息苦しそうに見えますが、上体が起きることで重心が安定し、足の運びがスムーズに

特徴
2

重心がおなかにあり、胴体が安定している

足幅が前後に広がることで少し腰が落ちているように見えるかもれませんが、これにより上半身が安定。走っている最中も身体の軸がぶれません。重心の上下運動なく前に進んでいきます

足幅を大きく使うための効果的な体の使い方とは？

最適な走りに変わる ①
スイング走法のポイント

股関節を大きく使っていくために意識するといいポイントを紹介！

Point 1 体の動き
あと1cm足を前に！

足首から先の力を抜いて、いつもより足を1cm前に振り下ろす意識で足を前に出そう。ただし後ろ足はぐっと足を押し出すのではなく、力は足を引き上げるななめ上に向かわせよう

いつもより1cm前へ
足先の力を抜いた分、いつもより少し前へ

ななめ上に引き上げる
ぎゅっとふみ込まない
前足が開いた分いつもより後ろから引き上げ

Point 2 坂道
下り坂でブレーキがかかりやすい。着地時の重心をひと工夫

スイング走法タイプは踵から着地するヒール着地。下り坂でブレーキとなりやすいので、重心の位置が後ろになりすぎないよう調整し、エネルギーロスを減らしましょう

重心が前
スイスイ
重心が後ろ

下りでは思い切って体重を乗せていこう！

Point 3 腕

石臼を回すように横方向に動かす

スイング走法の腕の振りは、横方向。手は石臼を挽くように回し、腕を左右にスイングすることで、エネルギーが肩、肩甲骨、体幹、骨盤、股関節、脚へと伝わり、走る力となります

トップランナーでは野口みずきさんがこのタイプ

外側から内側へ、水平に回すイメージで

Point 4 足の着地

「踵」から着地し、しっかり蹴り出す

踵から着地するスイング走法では、足裏全体を使って地面を掻き、つま先で蹴り、推進力を得ていきます。この動きを繰り返すことで、自然とふくらはぎが大きく発達していきます

特に意識する筋肉は「下腿三頭筋」

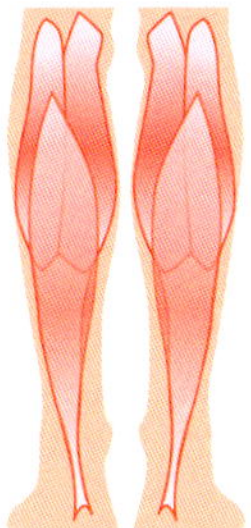

蹴った時の力の起点であるふくらはぎの動きに意識をむけてみよう

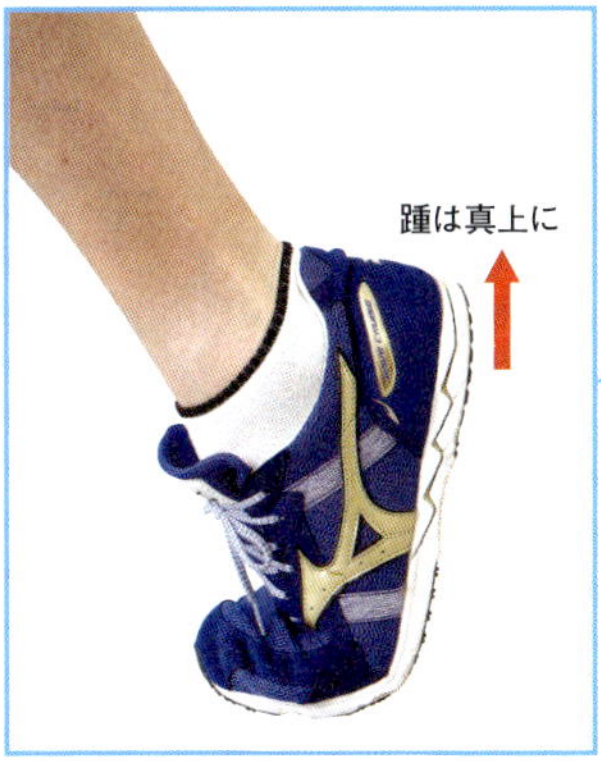

踵で地面を捉えたら、踏み込むのではなく足裏全体で地面を掻き、しっかり蹴る

大きく足を振り上げた反動でつま先が上向き、踵から着地する

最適な
走りに変わる
❷
ツイスト走法の特徴

「肩」と「骨盤」のひねりが前へ進むパワーを生み出す

一見、エネルギーロスが多そうだが、上半身と下半身の動きが噛み合うと驚異的なパワーが！

腿《もも》の長い「ツイスト走法」の推進力の源は上半身のひねりとねじり。体の前で手を左右に動かしていくことで、エネルギーが腕、肘、肩甲骨に伝わり、さらには体幹を通じて股関節、脚へと連鎖していきます。

　このためランニングフォームは、猫背の姿勢で顔はやや下向きになるのが特徴です。上体が丸まることで、つま先での着地がスムーズになり、エネルギーをロスせずに走ることができます。

特徴 3

両腕の動きを利用して体のねじれを推進力にする

背中と肩周りの筋肉をうまく使うために意識したいのが、手と腕の動き。手は舵を取るように左右に回し、腕は横に振るように動かします。すると上半身のねじれが生まれ、エネルギーになっていきます

特徴 4

背中が丸まりやすく、顔はやや下を向く

ツイスト走法のランニングフォームはやや前傾姿勢が基本です。これは雑誌などで紹介されている、理想のフォームからほど遠いかもしれません。しかし、この姿勢が自然と体を前に運んでくれるのです

ツイスト走法タイプのフォームの特徴

首・肩はリラックス
ねじりをパワーに！
手から体幹、足先へと動きが連動

特徴 1

上半身と下半身を逆方向へひねりながら走る

右肩・腕が前に出ると同時に左の骨盤・脚が前に出る。上半身の揺れをうまく利用して前進することで、脚だけで走るよりもぐっとパワフルな推進力が生まれる

特徴 2

重心は心臓の裏あたり。上半身のパワーも活用

上体をひねって走るので、背中と肩周りの筋肉が重要な走法です。背中と肩周りで生まれたエネルギーが連鎖し、足に伝わります。つまり、ツイスト走法の走りの起点は背中と肩周りにあるのです

最適な走りに変わる❷

ツイスト走法のポイント

足の力に頼らないフォームを身につけよう！

上半身の動きが要になる「ツイスト走法」。動かし方をみていこう

Point 1 体の動き

いつもより1cmずつ肩を交互に前へ出す

上半身のひねりを活かせる分、走り始めはダイナミックに、後半は足の力が落ちても走力が落ちにくい。「肩を前に出す」を意識するとムリなく上半身の力を使って走れる

特に意識したいのは「肩・腕周り」の筋肉

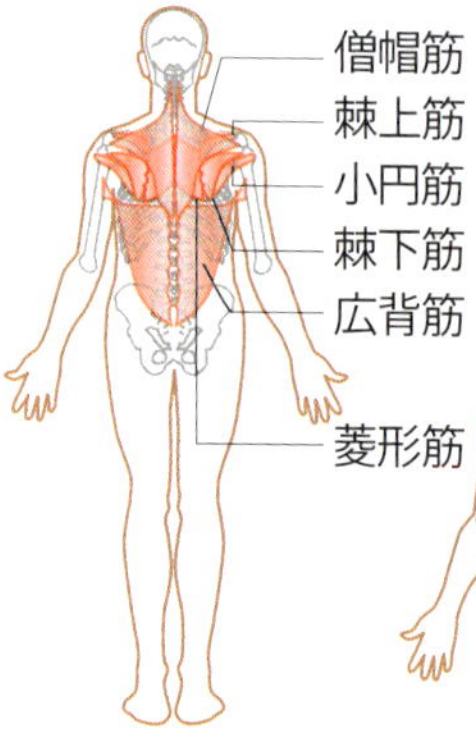

僧帽筋
棘上筋
小円筋
棘下筋
広背筋
菱形筋

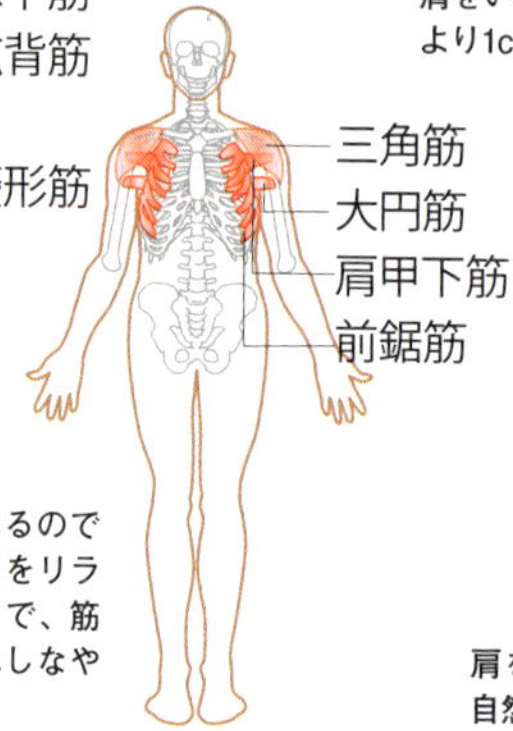

三角筋
大円筋
肩甲下筋
前鋸筋

ぎゅっと力を入れるのではなく、首肩周りをリラックスさせることで、筋肉がバネのようにしなやかに動く

肩をいつもより1cm前へ

肩を前に出すことで、自然に足もついてくる

Point 2 坂道

上り坂で「踵着地」を意識するとペースが落ちない

ツイスト走法はつま先着地のため、下り坂を得意とし、上り坂では足に負担がかかってしまう。上りでは踵着地を意識すると体が沈むことなく、効率よく前へ進むことができる。

つま先の力で上ろうとするとぐっと踏み込みブレーキに

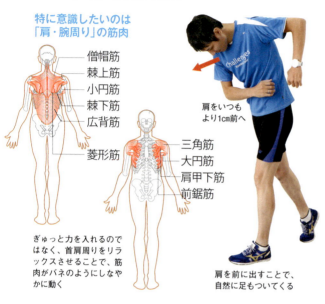

Point 3 **腕**

舵をとるように上下に腕を動かす

ツイスト走法の手と腕の動きの特徴は、舵取り回しにあります。手を体の前で、舟の舵をとるように回し、腕を左右に振ります。この動きが上半身のひねり、ねじりにつながり、推進力となります

トップランナーでは高橋尚子さんがこの走り

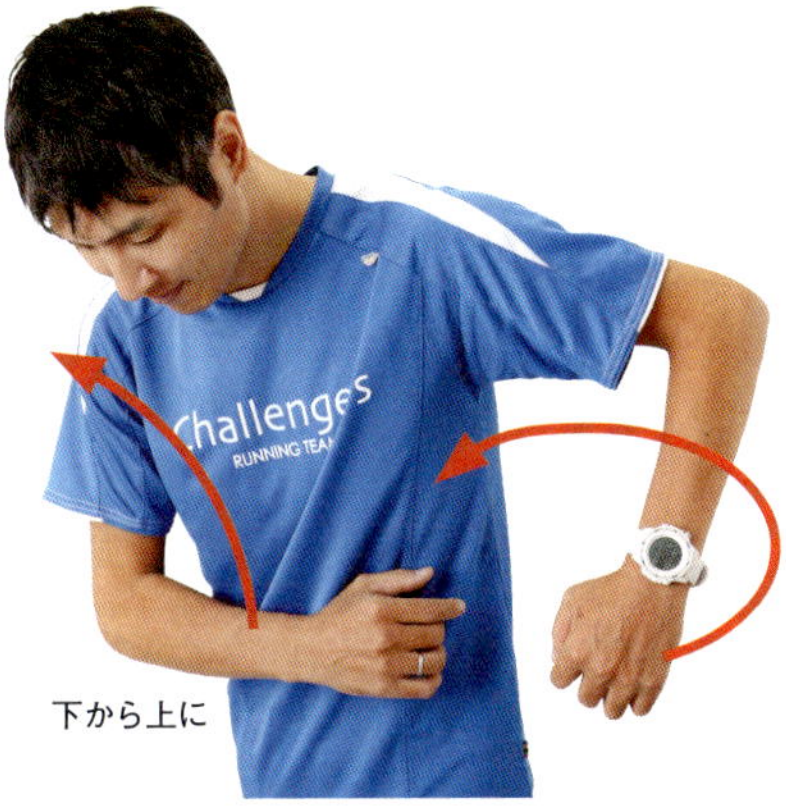

下から上に

体の前面で上下に回すイメージ

Point 4 **足の着地**

着地の時に前傾しているので強いキックはいらない

体をひねりながら走っているので、着地時は足が少し斜め方向から地面を捉えます。すると、つま先が先に着き、自然と前傾姿勢となるので、体を前に運ぶために強くキックする必要はありません

前傾の力を利用
足は置くだけ

重心はすでに足の上にあるので、蹴らずに地面からの反発力で伸びあがる

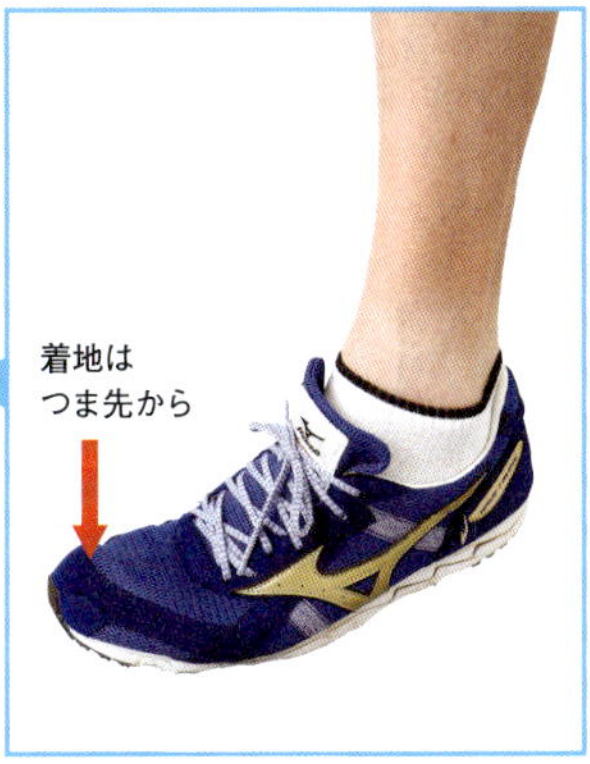

着地は
つま先から

上半身の動きに合わせて、自然な流れでつま先から着地する

最適な
走りに変わる
❸
ピストン走法の特徴

脚の長さを活かしたダイナミックな動きが特徴

リズミカルな動きから生まれる、バネの力を生かした脚の動かし方とは？

膝から下の脛の部分が長い骨格の人に適したランニングフォームが「ピストン走法」。平地でスピードの出る走法です。腿裏のハムストリングスを起点として、膝を車のエンジンのピストン運動のように上下させ、推進力を得ていくダイナミックな走り方となります。

加えて腕の振りは、手を電車ごっこの車輪のように回す「車輪回し」で前後に。肘を大きく前、後ろに動かすことで、前へ進む力が増していきます。

特徴
3

上体は軽く左右にゆれてリズムよく

股関節からすっと立てるようなイメージで上体を伸ばし、肩や肩甲骨まわりをリラックスさせます。ツイスト走法に比べるといわゆる理想のフォームに近い、ランニングフォームといえます

特徴
4

歩幅は狭いが、蹴り出す力は強い

一歩一歩、大きなストライドで走るよりも、無理のない歩幅でリズム良く跳んでいくイメージを持ちましょう。つま先ではなく、足裏全体で着地し、しっかりと蹴り上げるのもピストン走法の特徴です

ピストン走法タイプのフォームの特徴

肘が前進する力を利用

ハムストリングスの力で地面を押す

膝を上下させながら走る

特徴 1
腕を機関車の車輪のように動かし推進力に！

腕を大きく動かすため、注意が腕全体に向きがちですが、体の連動という意味では先端部分である手に意識を向けることが大切。手の前後の動きを起点とし、肘が動くイメージを持ちましょう

特徴 2
両膝をピストンのように上下に動かす

膝を上げるといっても高さよりもリズムを大切に。いわゆる理想のフォームをイメージし、膝を上げ過ぎるとキックの度に体のバランスが崩れ、後方へ倒れるような力が働き、推進力が失われます

最適な走りに変わる❸

ピストン走法のポイント

平地で他者を圧倒する走りを目指そう！

地面に着地した時の、バネを推進力に変える走り方を伝授！

Point 1 体の動き

膝を今より1㎝高く上げるイメージで！

脛の長い人は、つま先から着地しようとすると足首での微調整が必要で走りにロスが生じます。フラットに足の裏をついて、少し跳び上がるような感じで膝をいつもより1㎝高く上げるイメージ。次のキックへつなげよう

ふくらはぎではなく腿裏を使って膝を上げる

足裏全体で着地。その反動を「跳ぶ力」に

Point 2 坂道

上りも下りも苦手。力んで余計な力を使わない

ピストン走法は動きがダイナミックな分、力んでしまうとエネルギーのロスが大きくなってしまいます。リラックスを心がけましょう

ほかの走法の人が疲れている平地でこそ軽やかに駆け抜けよう

Point 3 腕

機関車のように前後に回すイメージ

子どもの頃に遊んだ電車ごっこの車輪の動きをイメージしましょう。通常、ランニングでは腕を前後に振っていることがほとんどですが、縦に円を描くように手を回すのがコツです

押し出すように

トップランナーでは福士加代子選手がこの動き

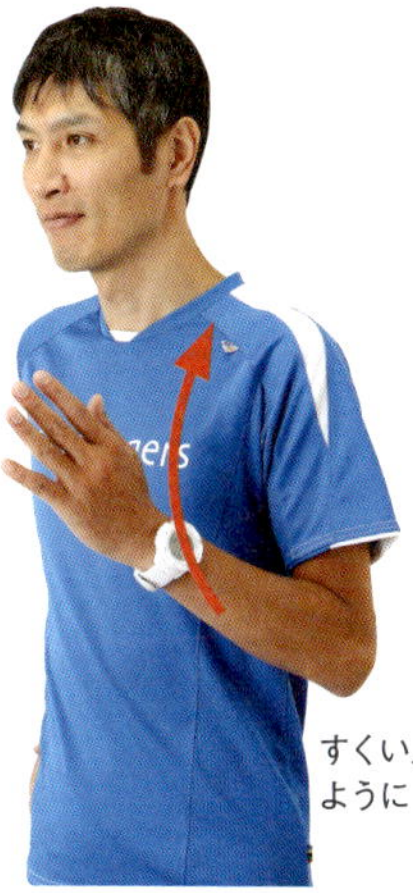

すくい上げるように

肘をひくのではなく手を動かす

Point 4 足の着地

足裏全体で地面をとらえ、跳ぶように蹴り出す

フラットに足の裏全体で着地。ぐっと踏み込むのではなく、地面を押すようなイメージでリズムよく跳び上がる。踵着地では着地の衝撃がふくらはぎに伝わりケガを誘発しやすい

特に意識したいのは「ハムストリングス」

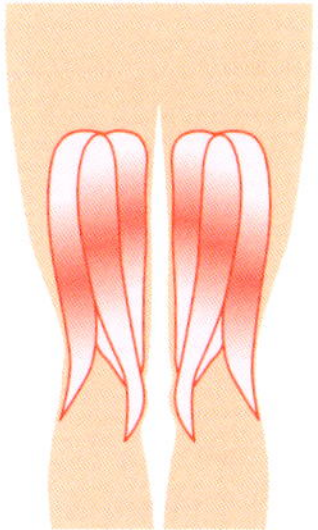

ふくらはぎに力を入れて跳び上がると疲れるだけ。ふくらはぎの力は抜いて腿裏の筋力で「跳ぶ」意識を

バネが伸びあがるイメージで

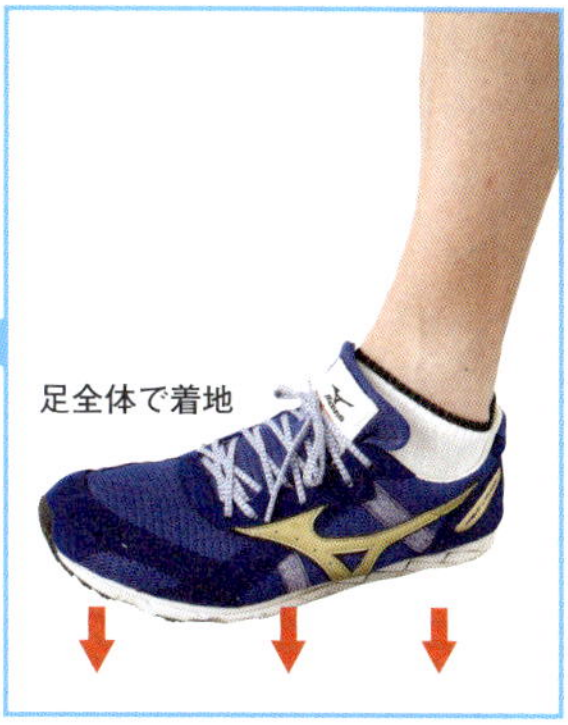

クロスカントリーのような足運び

Running Report

実例1 月間走行距離100kmでフルマラソンサブスリー！

（東山さん／男性／46歳／ランニング歴5年）

奈良マラソン（2016年12月11日開催）、2時間59分で走り切りました！ 途中、エイドのおしるこも食べて、上り調子でゴールできました。チームの練習に参加して1年ほどですが、フォームを変えたらどんどん腿の外側の筋肉が落ちていったんです。でもラクに走れてしまうんですよね。これまで使わなくていい筋肉を使って、疲れる走りをしていたんですね。今は大会後の筋肉痛がなくなりましたから ！

実例2 走りが変わったきっかけは新書『やってはいけないランニング』

（中村さん／男性／49歳／ランニング歴5年）

妻のランニングにつきあい始めたのが5年前。10キロ走ったら疲れ果てて、1日動けないような状態が、今ではサブスリーランナーの仲間入り。これも鈴木先生の新書を読んで、クラブに参加し始めたおかげですね。特に走り方の違いを実感したのが"ダチョウ走り"！ 衝撃的な練習でしたが、ブレーキをかけない走りがわかりました。現在のベストは2時間58分（別府大分毎日マラソン/2016年2月7日開催）。まだまだタイムは伸びそうです ！

実例3 週1回の練習でフルマラソン3時間半！

（下平さん／男性／42歳／ランニング歴12年）

ダイエットの延長だったので走り方は自己流。できるだけ歩幅は広く、一生懸命蹴り上げれば速くなると思っていました。でも、私の体型（足が長いタイプ）では違ったんですね。ピッチ数を増やしたほうがいいというアドバイスを受け、もともと1分間に160くらいだった足の回転数を200にまで上げました。仕事や子育てなどもあって、週に1回の練習がやっとですが、フルマラソンではコンスタントに3時間半で走れています。

鈴木先生の主催するランニング練習に参加したい方は
スポーツマイスターズコアへ（ホームページ／http://www16.plala.or.jp/sportsmeister/）

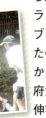

03

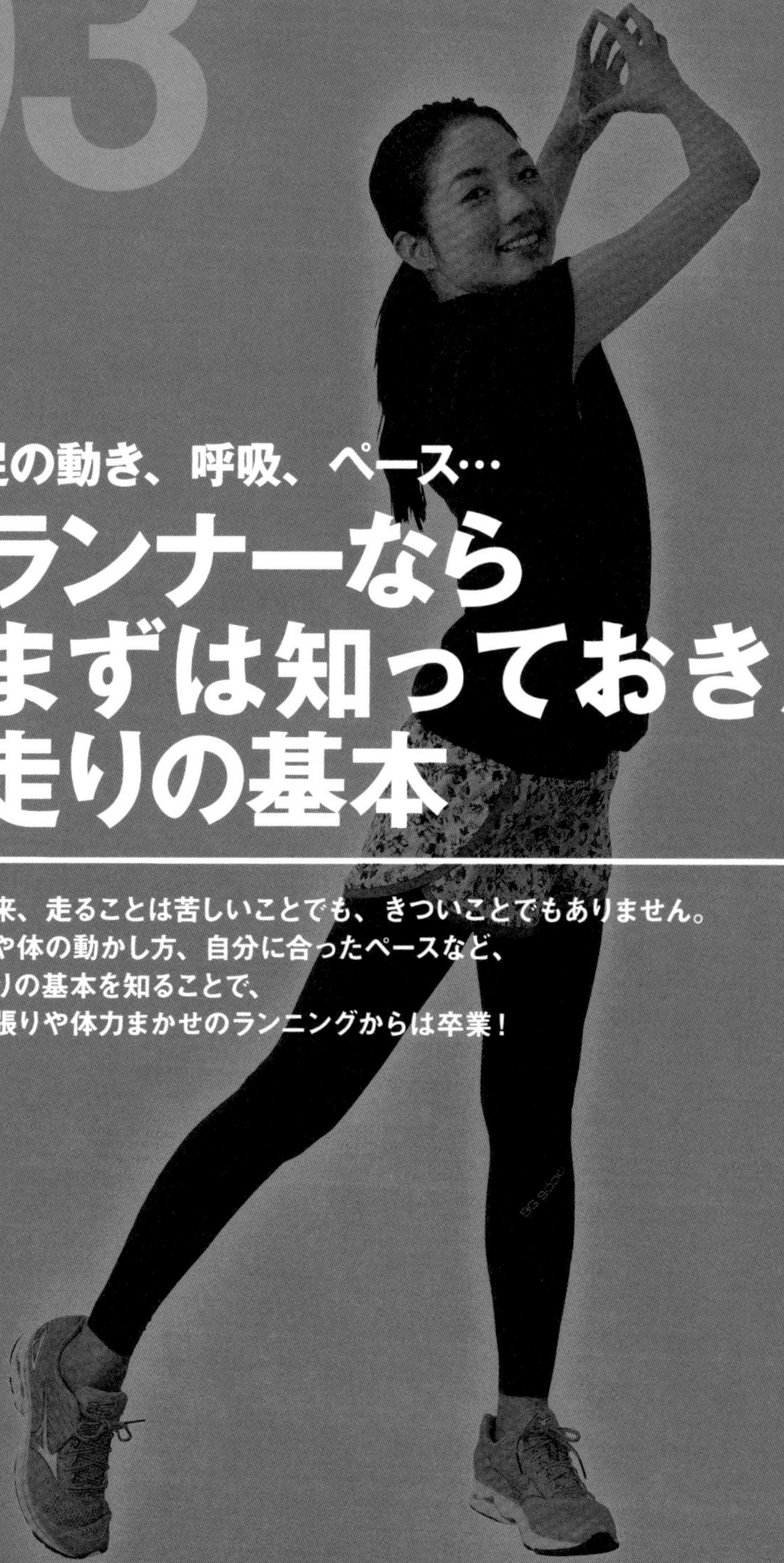

足の動き、呼吸、ペース…

ランナーなら まずは知っておきたい 走りの基本

本来、走ることは苦しいことでも、きついことでもありません。
足や体の動かし方、自分に合ったペースなど、
走りの基本を知ることで、
頑張りや体力まかせのランニングからは卒業！

足の動き、
呼吸、ペース…

「誰でも走れてしまう」だからランニングの落とし穴にハマる

〝ただ走っている〟だけになっていませんか？

あなたは、「走る動作と歩く動作の大きな違いはどこにありますか？」と聞かれたら、どう答えますか？

この２つの動作を分けているのは、〝跳ぶ〟ことです。人は走っている時、着地から次の一歩を踏み出す際に、地面を蹴って跳んでいます。この一連の動作がスムーズに回転していると、効率の良い走りとなり、スムーズに体が前に進んでいくのです。

しかし、この事実に気づいて走っているランナーは、まだまだ少数派。多くの人は回転ではなく、前後運動のまま走っています。ただし、それでもそれなりに走れてしまうのが、ランニングの罪なところです。

私たちが誰に教わらずとも走ることができるように、跳ぶことを意識しないままでも、体力があればある程度のペース、距離を越えることができます。

とはいえ、持って生まれた体力に頼りきった走りは〝ただ走っている状態〟に過ぎず、いずれ限界がやってきます。タイムや距離が思うように伸びなくなり、時にはケガにつながることも。そうした壁を乗り越えるためには、「ランニングスキル＝走る技術」を身につけるのが早道です。

そして、ランニングスキルの中核を担うのが、跳ぶこと。足が地面に着き、力を伝え、離れていくまでのステップの重要性を知り、跳ぶことを意識づけするトレーニングを行うだけで、あなたの走りは変わってきます。

また、トレーニング中は実際にどの程度の距離を、どんなペースで走ればいいのか。この３章では、足の運び方、スピードを奪っていく力みの正体、ケガを防ぐためのウォーミングアップの方法など、あなたのランニングスキルを磨き上げる、さまざまな手法について紹介していきます。

走りの基本をおさえる
1

一生懸命走る人ほど遅くなる！そのメカニズム

〝頑張らない〟ほど速く走れるワケとは？ 走っている時の体の動きを知ろう

ランニング中の足の接地には「ストライク」「スタンス」「キック」という3つの動作に分けることができます。走っている時、重要なのは「スタンス」で生じた前に進むエネルギーをいかに効率よく活用していくか。そのためには力まずスムーズに跳ぶことが大切になってきます。

走りには3段階の状態がある

着地時の「ストライク」

足が地面につく瞬間。バネで例えると、地面との反発力で縮こまった状態。ここで力むと走りのブレーキに

体が一直線の「スタンス」

足が体の真下にある状態。ここで地面からの反発力を「跳ぶ」力に変えていく。バネが一気に伸びるイメージ

蹴り出す「キック」

後ろ足が地面から離れる瞬間。スタンスで生まれた跳ぶ力を一気に放出し、前へ進む力に変えていく

スムーズに走るためには“スタンス”の状態をキープ！

理由1 着地によるブレーキがかからない

ストライクの状態にある時、力強い着地ではブレーキが生じる。前に進む理想的な状態は、スタンスとキックだけで推進力を維持する走り

理由2 筋肉にかかるストレスが少ない

ストライクで力むと、ぐっと踏ん張った瞬間、その足に重心がかかり、ふくらはぎや腿の筋肉を圧迫。疲労の蓄積が進んでしまいます

理由3 足が滑らかに回転する

ストレスのない走りをキープするには、足を回転させるイメージで、スタンス、キックを繰り返すこと。ほど良く力を抜くのが大切です

＼気をつけよう／

「ストライク」「キック」が強すぎると走りにブレーキがかかってしまう

速く走りたいと焦るほど、ストライクの際、足を前に出し、懸命にぐっと踏ん張るように接地します。すると、ふくらはぎや腿の筋肉が縮み、今度はキックの際に伸びます。ここで力むと筋肉の受けるストレスは大きくなり、距離を伸ばせば伸ばすほどダメージが蓄積し、ケガの遠因になってしまいます

走りの基本をおさえる
2

〝自分の持ちスピード〟を知るとラクに走力は上がる

息が切れるまで走ると練習した気になりますが、スピードを手に入れるにはもっと簡単な方法があります

ランナーには一人ひとりに適した速度、「自分の持ちスピード」があります。それは、「このくらいのペースで走るのが一番ラクという速度」。自分の持ちスピードを知ることで、フルマラソンを走り切るペースの組み立てが可能になります。

持ちスピードの調べ方

1 400ｍを鼻呼吸で走る

「ふんふん」というペースの鼻呼吸で４００メートルを走ってみます。その際、どんどん速度を上げていくこと

2 徐々にペースを上げていく

ペースを上げると徐々に呼吸が苦しくなっていき、最後には口が開き、口呼吸に切り替わっていくはずです

3 口がギリギリ開かないペースが自分の持ちスピード！

口を開く直前のペース。最大酸素摂取量の50%前後の走りが、現時点でのあなたの「持ちスピード」となります

気をつけよう

ペースを上げすぎると「鼻呼吸」から「口呼吸」に変わり、体への負荷が弱まってしまう

自分の持ちスピード以上のペースで走っていると苦しくなり、口呼吸になるのは自然なことです。しかし、口呼吸になると肺に取り込まれる酸素摂取量が増え、体への負荷は弱まります。苦しいながらも鼻呼吸で走り続けられる距離を延ばすことで、持ちスピードを高めることができます

走りの基本をおさえる
3

ブレーキになる「力み」を逃すと走りがスムーズに！

体の力みや、こわばった状態をほぐす体操を紹介。動きにくいなと感じたらやってみよう！

ランニングのスキルと聞くと、下半身に意識が向かいがちです。しかし、じつは上半身を柔らかく使えるようになることで、あなたの走りは劇的に変わっていきます。特に肩甲骨を大きく動かせるようになると、安定した走りが実現します。

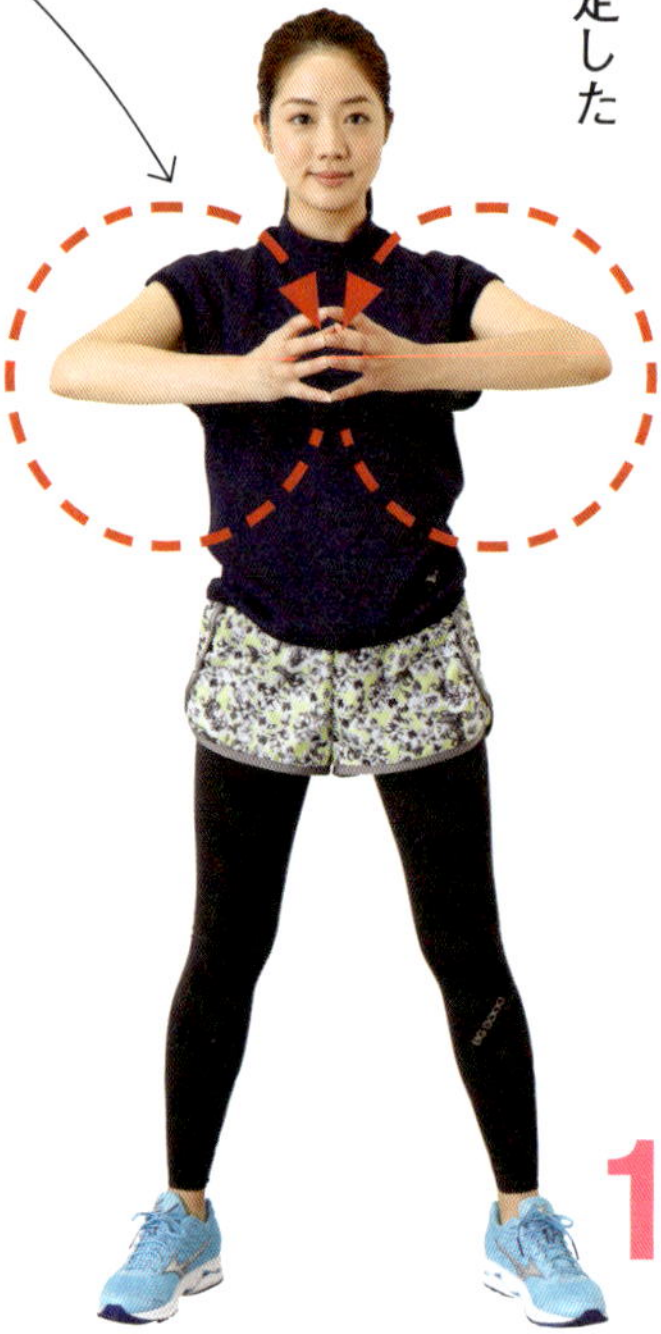

「力み」を逃すスキャプラローテーションのやり方

「スキャプラローテーション」と呼ばれる肩甲骨を大きく動かすトレーニングを紹介します。点線のように両腕を八の字に回していきます

1 足を軽く開いて立った状態で、腕を軽く伸ばし、手の指先を体の前面で合わせます

気をつけよう

「力み」があると前進する力が弱まる

上半身を柔らかく動かせるようになると、力みなく走ることができます。逆に上半身が力んでいると、余計な方向に力が加わるため、走りにブレーキがかかり、前進する力が弱くなっていきます

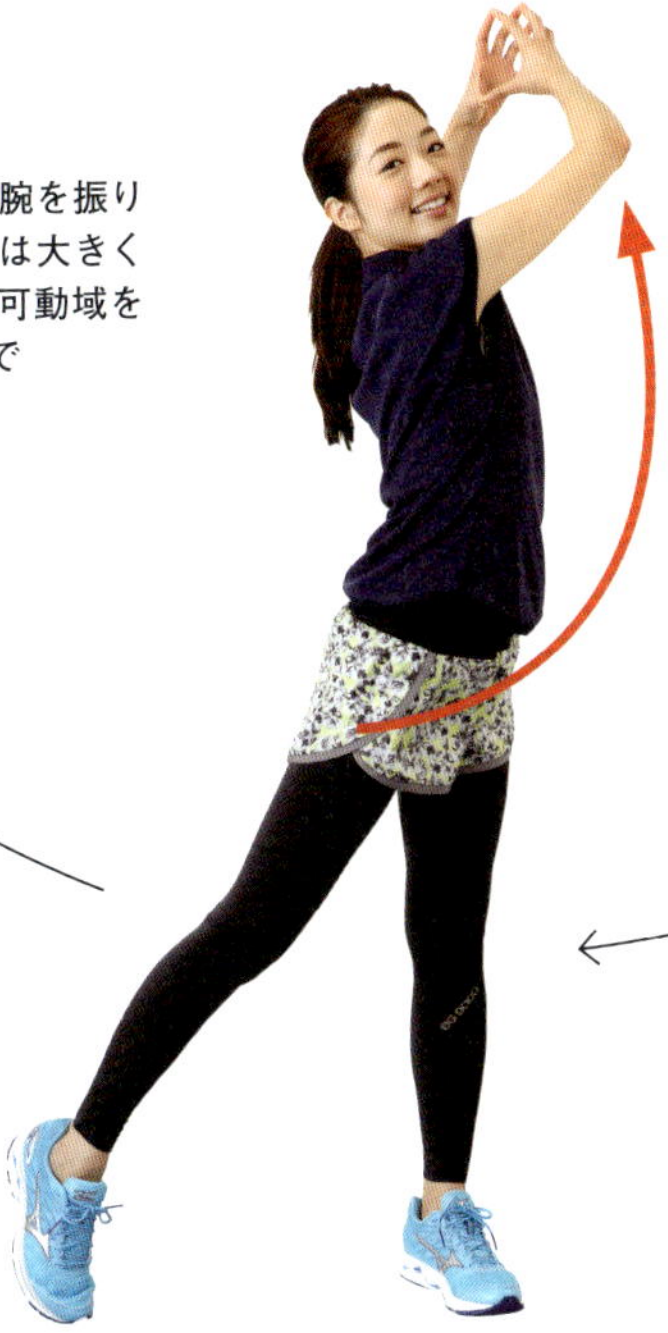

2 大きく体をひねりながら、左上に腕を上げます。手の指はなるべくくっつけたままで行いましょう

3 左上から右下に腕を振り下ろします。腕は大きく回し、肩甲骨の可動域を広げるイメージで

4 後ろにぐっと反らしながら、右下の腕を右上に。手軽にできるトレーニングなので、繰り返し行いましょう

5 右上に腕を持ってきたら、最初の位置（体の正面）へ移動させます。これで1周。その後、逆回しも行います

基本のトレーニング進め方のルール

時間や距離を決めてただ走るだけでは、なかなか走力アップに結びつきません。
練習の効果を最大限生かすための進め方とは？

トレーニングの流れ

ランニングのトレーニングはある意味、仕事と同じです。ただ流して走るよりも密度を高め、短時間で効率的なメニューを行った方が得るものも大きく、能力も高まっていきます。

ウォーミングアップ

ストレッチのみで終えてしまいがちですが、軽いジョグと体をあらゆる方向に動かすトレーニングを挟みます

フォームづくり

より良く走るための体の動かし方を習得するメニューを取り入れ、走りの質を高めていきます

ランニング

ただ走るのではなく、今のあなたに必要なペース、適切な距離を把握しながらレベルアップを目指します

効果を上げる進め方があります！

ルール1 ウォーミングアップ

ストレッチだけで終わらせない

動的なストレッチを行うのはランニング前の準備として百点満点中の50点といったところ。というのも、ウォーミングアップの目的は、日常モードからスポーツモードへと心身ともに切り替えることにあるからです。そのためにも筋肉を伸ばすだけでなく、P.62から紹介する９つ体操を取り入れながら動かすことがとても大切です

ルール2 フォームづくり

走る動きを体に覚えさせるメニューを加える

思うようにランニングスピードや走れる距離が延びないランナーの多くは、「走る」動きに問題を抱えています。具体的には走りの中に不可欠な「跳ぶ」動作ができてないケースがほとんど。ただ走るのではなく、リズムやバネを感じながら必要な筋力をつけるため、P.68で紹介する「ジャンプスキップ」をトレーニングに取り入れましょう

ルール3 走る距離

「適正距離」でムリに長く走る必要はない！

持ちスピードを知ることと合わせて把握しておきたいのが、自分の持ちスピードで走り切れる現時点の適正距離です。ギリギリ鼻呼吸できる持ちスピードで走り切れる距離が、あなたの現時点の適正距離。これを延ばすために有効なのが、P.70で紹介する「細胞分裂走」。気づくと最長距離が延びている魔法のようなメソッドです

トレーニング
ルール1

ウォーミングアップに9種の体操で体を目覚めさせる！

全身の筋肉をあらゆる方向に動かせる、とっておきの体操はこれで完璧！

体操をやる時の注意点

- 鼻で深呼吸をしながらやろう
- ゆっくりと伸ばして
気持ちいいところまで
- 痛いと感じるまでは
ケガの元なのでやらない

1 オープンチェスト

まっすぐ立ち、息を吐きながら腕を交差させて前かがみ、息を吸いながら腕を広げて胸を反らせるを繰り返します。大胸筋、僧帽筋中部繊維が大きく動き、上半身がゆるみます

リラックスした状態で直立し、ゆっくり鼻から息を吐きながら腕を交差させ、前かがみに

続いて今度は鼻からゆっくりと息を吸い込みながら、大きく腕を左右に広げていき、胸を反らせます

2 フロント アームリング

左右の指を軽く組み、腕を肩の高さまで上げた状態で、体を左右に。ゆったりした動きが広背筋、僧帽筋上部繊維を動かし、上半身背中の筋肉をゆるめてくれます

左右の指を軽く組み、腕を肩の高さまで上げたら、右下から覗き込むようにして体を左に傾けます

同じ要領で逆側からも行います。その際、脇から体の側面が伸びていることを意識しましょう

3 バック アームリング

背中の下側に当たる僧帽筋下部繊維、腕の上腕二頭筋をほどよく伸ばす体操です。ランニング時に欠かせないなめらかな腕の動きを実現するための準備となります

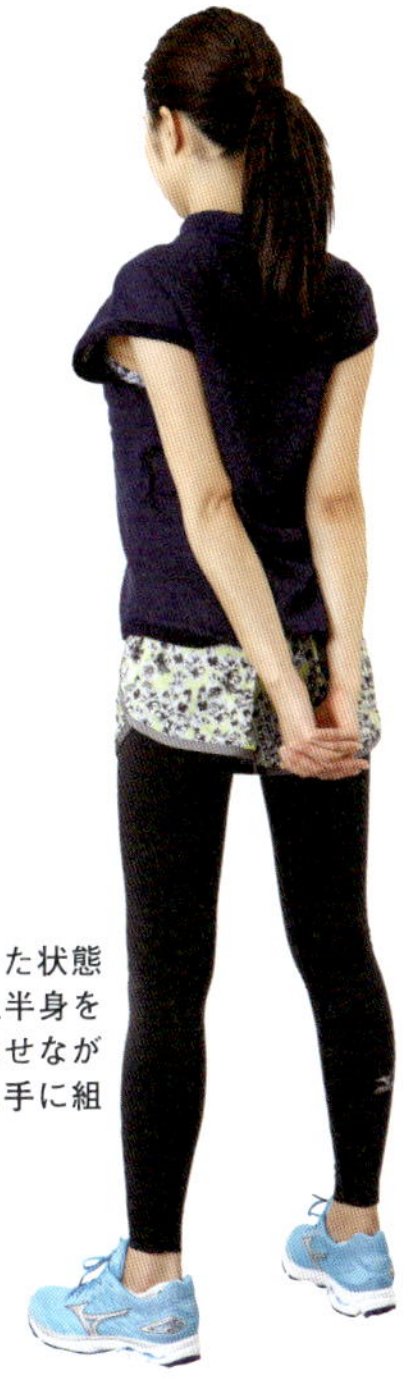

リラックスした状態で直立し、上半身を軽くちぢこませながら、指を後ろ手に組みます

ゆっくりと腕を後ろに引っ張るようにして、上半身を反らせていきましょう

4 エルボーリフト

体をひねりながら、肘を肩よりも高い位置に引き上げる動きによって、二の腕の裏側にある上腕三頭筋、背中全体に広がる広背筋を動かす体操です

ラクな姿勢で立ち、両手を両肩に置きます

体を左にねじりながら、右腕を左上に。その際、右腕、背中、右足までの連動した伸びを意識しましょう。同じ要領で右も行います

ちょっと気になる！

Q ウォーミングアップはストレッチだけではダメ ？

A ストレッチだけでは一部分しか伸ばせない

ウォーミングアップ＝ストレッチというイメージが広がっていますが、走るための準備としては筋肉を伸ばすだけでは不十分。体をスポーツモードに切り替えるには、血液の流れ、筋肉の動き、神経の切り替えが必要だからです。そのためには筋肉を伸ばしたり、縮ませるだけではなく、全身を動かしていく体操が最適です

5 エアニー フレックス

ランニング中に重要な役割を担う太ももの前側にある大腿四頭筋の広筋、太ももの奥にある大腿四頭筋の直筋を効率的に目覚めさせる体操です

右足で片足立ちをしながら左膝を曲げ、くるぶしのあたりを持ちます。バランスが取れないときは壁などに触れて支えましょう

左膝を外側に持ち上げ、上下を繰り返したら、逆の足も行っていきます

6 レッグ トンネル

ランニング時の推進力を生み出す腿裏のハムストリングス、背中の中心部を縦に長く走り、自分に適したランニングフォームを支える脊柱起立筋群を動かす体操です

直立し、上半身は前傾姿勢に。前かがみがきつい人は、膝は軽く曲げてもOKです

股の間から顔を覗かせる要領で前屈。このとき、目線は下（地面）ではなく、遠くを見るのがポイント。深く伸ばせます

7 エアザゼン

お尻の筋肉である大臀筋、股関節を回す時に使われる股関節外旋筋群を動かす体操です。どちらの筋肉もランニングの推進力、安定した走りを支える上で大きな役割を担っています

右足で片足立ちをし、バランスを取りながら左足を曲げます

ゆっくり沈み込み、腿裏と背中を伸ばしていきましょう。続いて、逆側の足でも行います

ちょっと気になる！

Q ウォーミングアップで体に何が起きる？

A 「血液」「筋肉」「神経」が運動モードに！

９つの体操によって体内では３つのシフトチェンジが起こります。１つは血液。運動時にはエネルギー補給や体温調整のため、筋肉や皮膚へ多くの血液を還流させる必要があります。２つ目は筋肉。日常時と異なり、運動時は体幹側から体を動かします。３つ目は神経。リラックスモード副交感神経から興奮モードの交感神経へチェンジさせます。９つの体操はその下準備を整えてくれるのです

8 サイドスライド

ランニング中の体を安定させるのに欠かせない働きをする股関節内転筋群。この筋肉を体操でほぐしておくことは、膝のケガの予防にもつながります

足を横に大きく開き、手は腰の位置へ。左膝を曲げ、左足に体重を移動させます。その際、上半身はまっすぐに

次に体重を右足に移動させます。この動きを左右交互に繰り返します

9 ヒール シッティング

ランニング中、地面との接地の衝撃を受け止め、跳ぶときの力の源にもなる、ふくらはぎ。そのふくらはぎを構成する２つの筋肉、下腿三頭筋のヒラメ筋、腓腹筋を動かす体操です

足を縦方向に大きく開き、手は腰などラクな位置に

後ろ側に足を曲げながら後方に体重を移動させ、前側の足を伸ばします。同じ要領で逆側の足も行っていきましょう

トレーニング ルール2

「スキップ」練習で体に走りの動きを覚えさせる

跳ねながら進むジャンプスキップで、走る時の正しい足の動かし方を身につける！

「スキップ」練習をやる時の注意点

- 取り入れるのは週に1回
- トレーニングの目安は50m×30本
- 慣れてきたら80m、100mと距離を延ばす

point

ふくらはぎの力は抜き、ハムストリングスを意識

スキップのジャンプ、「跳ぶ」動作の際、ふくらはぎに力を入れるのではなく、腿裏のハムストリングスを意識します。これは体を真上に上げるイメージをつかむためです

気をつけよう

前に進もうと、ギュッと踏み込まない

前へ進みたい、より強い推進力を得たい。そう考えると、体は前傾し、前へ前へと踏み込んでいくことになります。すると、ハムストリングスよりもふくらはぎに力が集中し、結果的に高く跳べなくなってしまうのです

point

「タ・ターン」とリズムよく上に跳ぶ

前へ跳ぶのではなく、体のバネを使って上に跳ぶイメージを持ちましょう。その際、タ・ターンとリズムよく跳ねることで、ランニングのテンポもよくなっていきます

point

踵からつま先へ力を伝え跳び上がる

「跳ぶ」動作では、足裏全体でジャンプするのではなく、踵からつま先へとエネルギーを移動させながら、跳ぶ感覚をつかむことが重要です。力が連動するイメージを持ちましょう

トレーニング
ルール3

練習で走る距離は自分の持ちスピードから割り出す

練習で走る距離も「疲れたら終わり」「キリのいいところまで」ではなく、論理的に割り出すことができます！

走れる距離がグングン伸びる「細胞分裂走」にチャレンジ！

マラソンのトレーニングというと、ペース走やインターバル走を思い浮かべる人が多いのではないでしょうか。

しかし、思ったより走れる距離が延びないという悩みを抱えている人も少なくありません。そこで、オススメしたいのが、自分にとっての現時点での適正距離を分割しながら走行距離を延ばしていく「細胞分裂走」です。

事前準備

自分の適正距離を知っておく

現時点でのあなたの適正距離の測り方は簡単です。まずは、ギリギリ鼻呼吸できるスピードで走ります。そのままのペースで走り切れる距離。これが、あなたの現時点の適正距離となります

細胞分裂走のやり方 1

まずは、総走行距離を延ばす

適正距離が５キロのランナーが細胞分裂走をする際、２分割した2.5キロ走ったところで、１分から１分半のインターバル（休憩）をはさみます。すると、呼吸が整い、回復するので後半の走れる距離が延び、３キロから3.5キロをクリアできるようになります

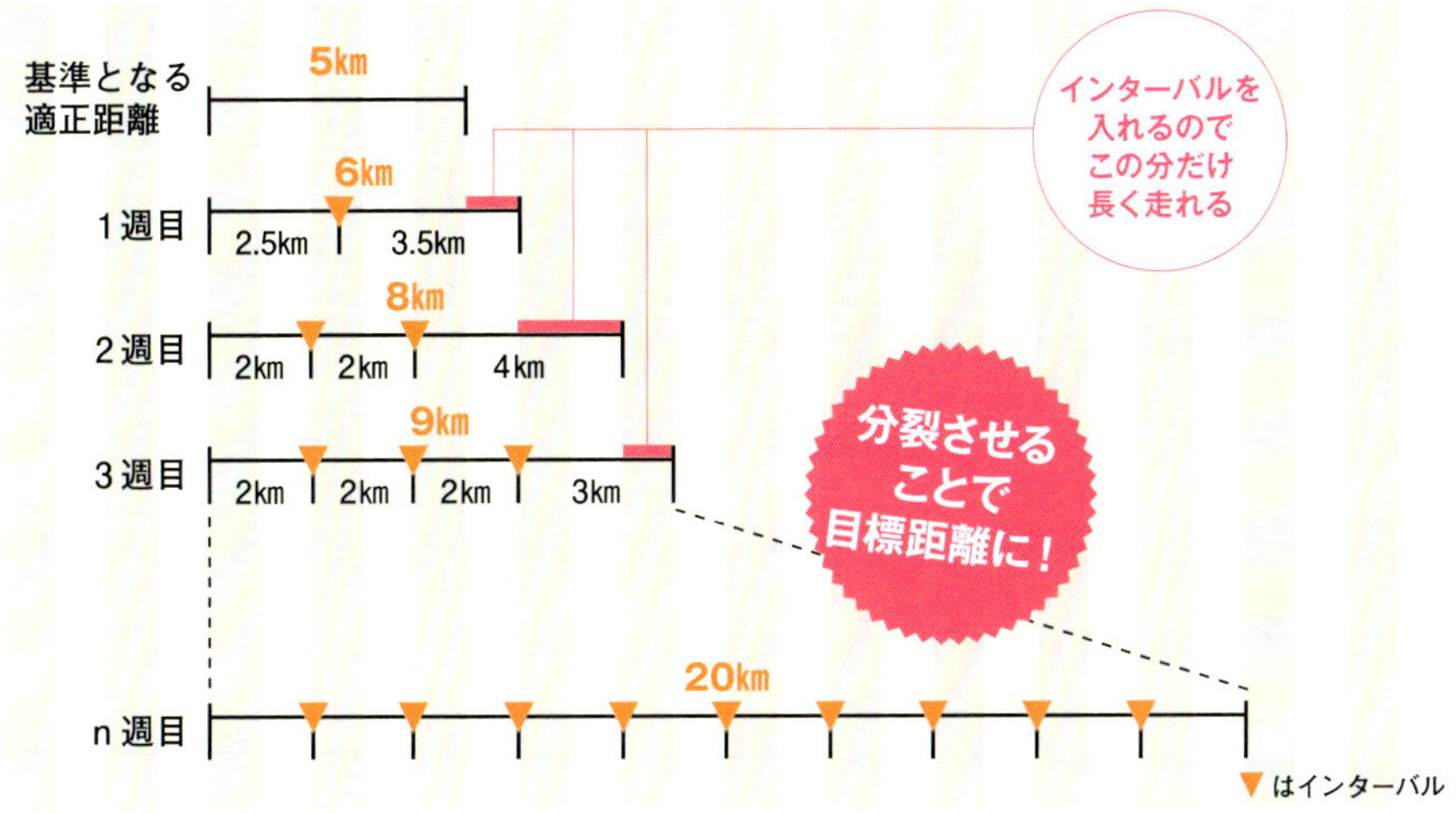

細胞分裂走のやり方 2

次に1回で走れる距離を延ばしていく

休憩をはさみながら走れる距離を延ばし、目標の数字まで延びたら、今度は休憩を入れる回数を減らしていきます。すると、細かく刻んで延ばした総距離を逆行することで、以前より少ない休憩で走り切れるようになるのです

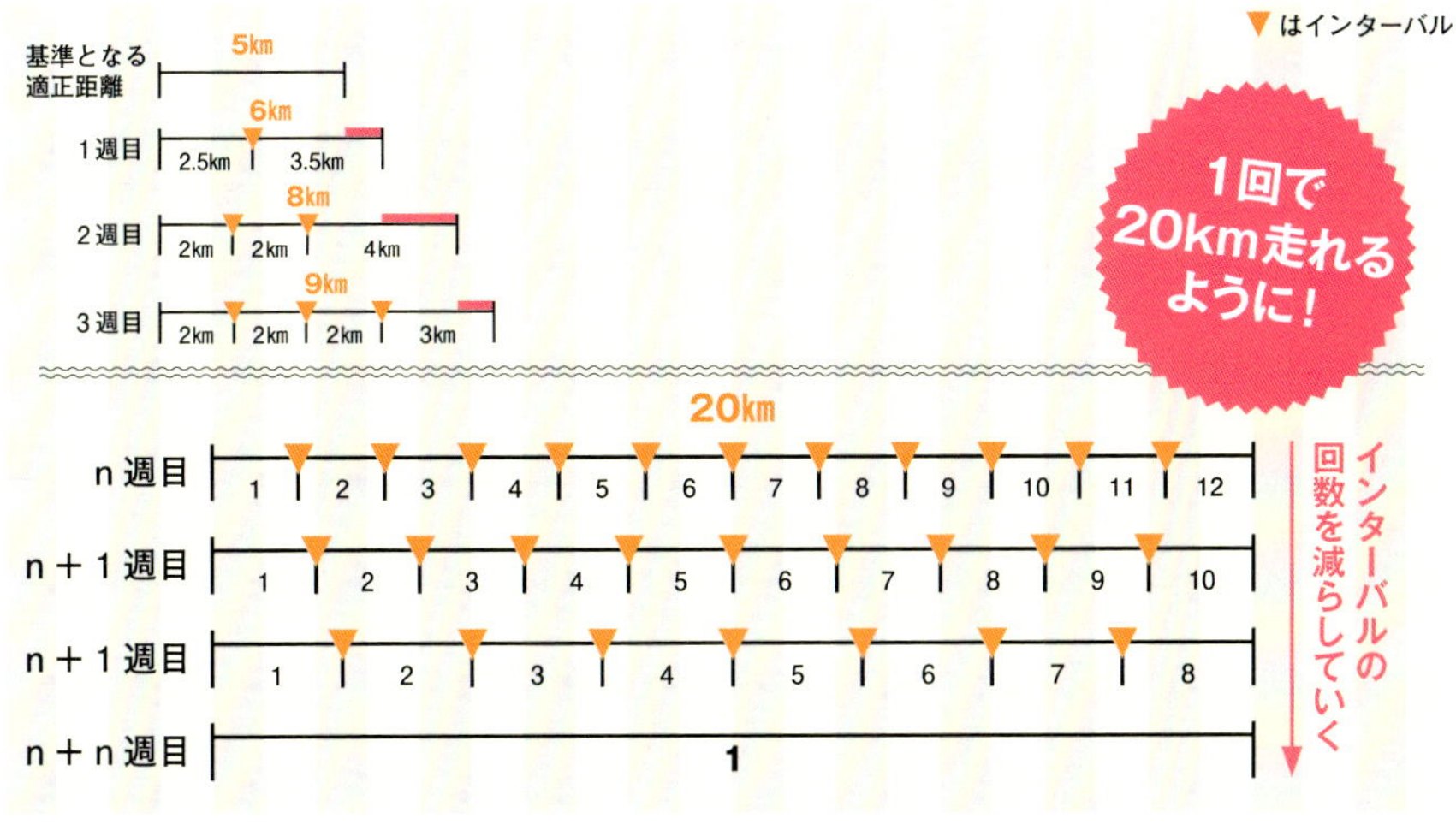

column.2

走る場所で練習効果に差が出る!?

河川敷の土手をまっすぐ走り、目印にしている橋の袂で折り返し、戻ってくる――。日々のランニングが習慣化しているランナーの中には、いつも決まったコースを走っている人も多いのではないでしょうか。

もし、走力の向上を考えているのなら、決まったコースを走るよりも、日々違うコースを走る方が高い効果を得ることができます。

その理由は、「過負荷の法則」にあります。

筋肉を構成している筋繊維は新しい刺激によって３週間ほどで変化していきます。同じコースやジムのランニングマシンを走っている間は、かかる負荷も変わらず、筋繊維への刺激はわずか。平地だけでなく、上り坂、下り坂、右や左へのカーブ。また、アスファルト、土、ウッドチップ、トラックなど、接地面に変化のあるコース選びも筋肉への新たな刺激となってくれます。

トップランナーがトラックの他、クロスカントリーをメニューに盛り込むのは、こうした点を考慮してのこと。硬い路面ばかり走っていると、筋肉や関節へのストレスが大きく、トレーニング効果よりもケガへとつながってしまうことを知っているからです。

そこで、同じコースだけで練習せず、様々なコースを走ることでバランスを整え、本気でスピードを向上させたい時だけ、トラックで限界に挑みます。これも過負荷の原則に則ったメリハリです。

04

フルマラソン完走、記録更新を狙うための走法別トレーニングメニュー

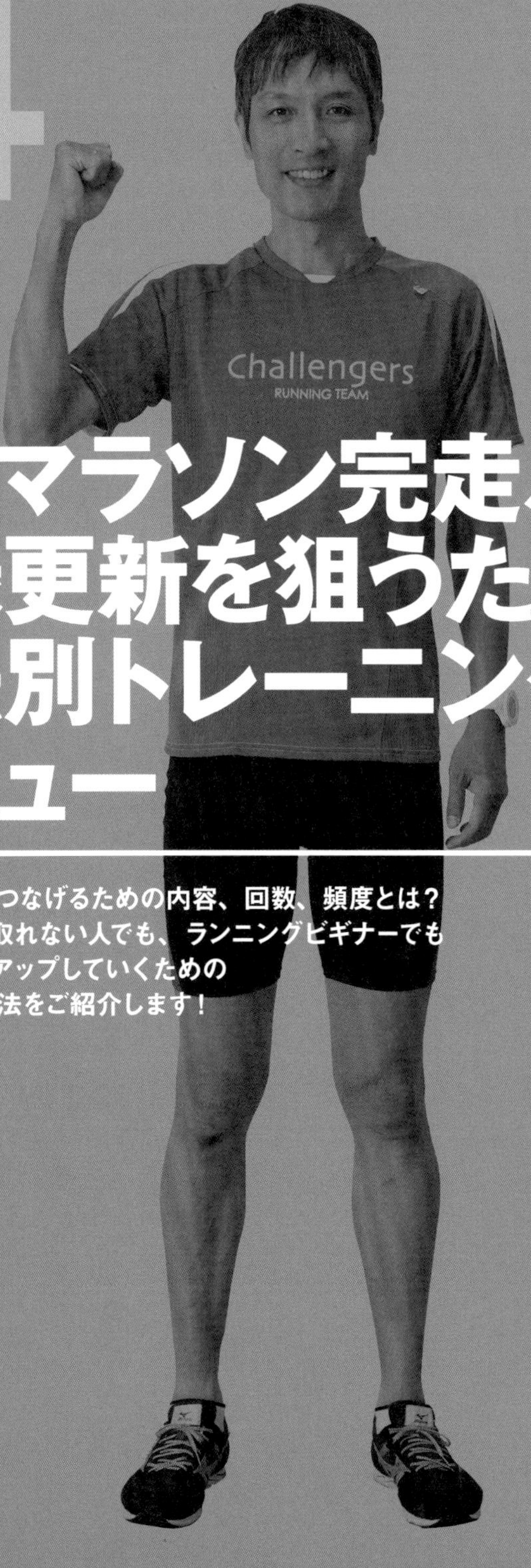

短時間で成果につなげるための内容、回数、頻度とは？
忙しくて時間が取れない人でも、ランニングビギナーでも
確実にステップアップしていくための
効果的な練習方法をご紹介します！

無理なくレベルアップできる！

練習メニューの組み立て方

効率よく、持久力とスピードを身につけるには
走力レベルに応じたトレーニング方法があります！
忙しい人でも、これなら大丈夫！！

マラソンのトレーニングは毎日、何キロも走る必要があると思っている人も多いのでは？

それこそ、体を壊すもとです。走るのが好きな人は根を詰めて走りこんでしまう人も多いのですが、毎日ただ走るだけでは走力は上がりません。何を目的とするかで変わりますが、レースを目指すのならなおさら、ケガをせず、大会で最大限のパフォーマンスが発揮できるような練習を積みましょう。

この章でご紹介するのは、３つのフォームタイプに合わせた年間のトレーニングメニューです。レベルはこれまで運動経験のない初心者とレース経験のある中・上級者向けに分かれているので、自分の走力に合わせて選んでください。日を追うごとに、持久力もスピードも身についてくるのが実感できるはずです。

大会に向けた基本メニューの考え方

どんな人でも段階を踏むことで確実にレベルアップしていきます

レースに
ピークがくるよう、
逆算して練習を
考えよう！

大会本番

大会3か月前～

ペース安定期

距離感やスピード感を体が覚えるためにも丁寧に走り切りたい時期。大会本番にベストな走りでゴールするためにも、スピードに乗ったまま、長い距離をしっかり走り切る練習をしよう

大会半年前～

スピード養成期

距離が延ばせてきたら、同じ距離でもどれくらいのタイムで走り切れるかにこだわろう。毎回、ギリギリ鼻呼吸できるペースで走っていれば、徐々に心肺は鍛えられていく

大会9か月前～

距離アップ期

自分に合った正しいフォームで走れていれば、徐々に距離を延ばしていってもつらくないし、ケガもしにくい。スピードはまだ気にせず、目標とする距離を走り切れるスタミナをつけていこう

大会1年前～

動き・体づくり期

トレーニングのスタートは、体に“自分の体型に合ったフォーム”を覚えさせることから。前シーズン頑張った人は疲労を抜きながら、体の動かし方を再点検しよう

メニュー組み立てポイント

練習第1回目は体力測定を！

練習メニューには明確なタイムや距離の設定がありません。p56、p70を参考に適正距離やペースを割り出し練習のベースにしましょう

週3回のトレーニングをベースに考える

週末と週中にメイン練習。間を軽いジョグでつなぐほうが、毎日ハードトレーニングするよりも体には効果的です

menu 1 走法別
「スイング走法タイプ」のタイムがどんどん縮まるメニュー

見違えるような走りに化ける人が多い。自分史上最高のタイムを狙っていこう

	距離アップ期		動き・体づくり期		
	8月	7月	6月	5月	4月
ランニング初心者	足裏が使えているかチェックしよう	坂道で足運びの練習をしよう	思い切って、距離を延ばしていこう	"走る"時間を倍にしてみよう	30秒でいいので"走る"ことに集中
	暑い時期は足の使い方、フォームを再確認。特に足裏全体を柔らかく使えているかチェック	勢いや力で走らないように、坂や起伏のある道を走ろう。意識は足の動かし方へ	息が弾むくらいまで距離を延ばしていきたい時期。途中で水分補給もしっかりと	"走る"と"ゆるめる"を60秒ごとに繰り返してみよう。少しずつ体がリズムをつかんでいく	体力が30秒しか持たなくても、適正速度での走りを実践してみよう！
	練習量 W=7割 R=3割	練習量 W=7割 R=3割	練習量 W=5割 R=5割	練習量 W=7割 R=3割	練習量 W=8割 R=2割
ランニング中・上級者	メリハリのある走りで脚に刺激を！	リラックスモードでのんびり長く走る	飛ばさずに軽快な走りをしよう	疲労回復用の気持ちいい走りを！	ゆっくりとシーズンの疲れを落としていこう
	途中で100mを7〜8割まで一気にペースを上げて走るウィンドスプリントを入れてみよう	3割くらいの力加減で走る。距離やスピードを出さない分、フォームを意識して走ろう	飛ばさずに軽快なペースで走ることで、バネがたまっていく。足の運びも丁寧に	距離やペースは気にせず、自然の中などでリラックスして走り、積極的疲労回復を！	酷使してきた筋肉のこわばりをほぐしていく。ただし、一気にペースは落とさないこと
	練習量 W=9割 R=1割	練習量 W=8割 R=2割	練習量 W=7割 R=3割	練習量 W=7割 R=3割	練習量 W=6割 R=4割

各月ごとにパワー・スピード・スタミナのレーダーチャートあり。

スピード養成期　ペース安定期　レース本番

9月

軽快にリズムよく走ってみよう

ペースは意識せず、足裏全体を柔らかく使って軽快なリズムで走りましょう

練習量W=6割　R=4割

10月

少しずつペースを上げていこう！

少し速めのペースを意識して走ろう。距離も延ばしていく意識でいるとなおよし

練習量W=5割　R=5割

11月

ラストスパートを意識してみよう！

最後はペースアップする走りを取り入れると、後半に強くなる。挑戦してみよう！

練習量W=4割　R=6割

12月

快調ペースで長距離を楽しもう

距離が延び始める時期。どこまで延ばせるか長い距離を楽しもう！

練習量W=4割　R=6割

1月

スピードは意識せず走り続けることを意識

スピードは気にしなくてOK。どこまで距離を延ばせるか挑戦してみよう！

練習量W=4割　R=6割

2月

距離は気にせずリズムよく走ろう

テンポよく快調に走り続けることを意識。走りのリズムを体にしみこませよう

練習量W=3割　R=7割

3月

大会に出て、自分の走りを試してみよう

これまでの走りが身についているはず！　レースや練習で走ることを楽しもう

練習量W=2割　R=8割

レース本番

疲労を感じる前に休憩を入れながら気持ちよくゴールを目指そう！

9月

徐々に距離を増やしてシーズンモードに

距離を増やしていきたい時期。ゆっくりでもいいので長く走れる脚をつくろう

練習量W=7割　R=3割

10月

現段階のペース、距離を把握しよう

距離やペースを上げていきたい時期。週に1回トライアルを入れるなど現状チェックも

練習量W=5割　R=5割

11月

ビルドアップで走力の底上げを

後半に向けてどんどんペースを上げていこう！　毎回、筋肉痛になるくらいまで頑張りたい

練習量W=4割　R=6割

12月

最大限まで距離を延ばしてみよう！

6〜7割くらいのペースでリラックスしながら、とことん距離を延ばしていこう

練習量W=2割　R=8割

1月

スピードを落とさずにマイフォームをキープ

距離を積んだ後半のフォームが崩れていないか？　丁寧に体を動かしていく意識を

練習量W=3割　R=7割

2月

体が温まったら積極的にペースアップ

体の中のバネを感じられる時期。ケガを防ぐためにも、ペースアップは後半積極的に

練習量W=3割　R=7割

3月

疲労が出やすい時期。ペースで調節を

無理なタイム設定はせず、これまでの練習で培った走力に身をゆだねよう

練習量W=2割　R=8割

レース本番

前半は体のバネを感じながら軽やかに走り、後半ペースアップしてゴールを駆け抜けよう

※自分の適正距離からW=ウォーキング、R=ランニングの割合が練習量の目安

走法別

menu 2 「ツイスト走法タイプ」がさらにスピードを増すメニュー

バネのような柔らかい走りを強化してスピードアップ!

	動き・体づくり期			距離アップ期	
	4月	5月	6月	7月	8月
ランニング初心者	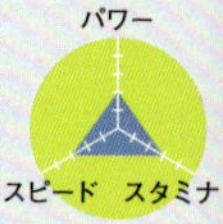				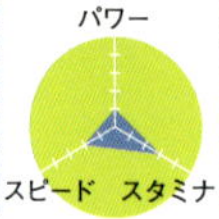
	「走る」ことに挑戦してみよう	**少しずつスピードを上げていこう**	**一度に走る距離を少しずつ延ばそう**	**休みを減らしてさらに距離を延ばそう**	**軽く走るだけでも力はつく**
	フォームを意識し、疲れない程度の距離で。きつい人は短くても、本数を増やせばOK!	距離は気にせず、スピードを上げていこう。気持ちよくスピードに乗る感覚をつかもう	走る足に変わりつつある時期。スピードを抑えて、距離を増やし始めてみよう	スピードは気にせず、リラックスしながら走ってみよう。思った以上に長く走れるはず	暑い時期は快適に汗を流す程度で。スピードや距離が延びなくても力になっています
	練習量 R=20分割	練習量 R=40分割	練習量 R=10分割	練習量 R=5分割	練習量 R=10分割
ランニング中・上級者			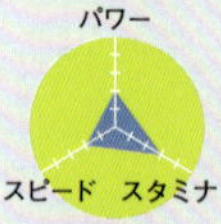		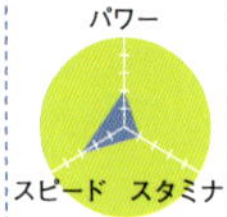
	少しずつ距離を落としていこう	**快走ペースで筋肉の緊張をとる**	**芯に残っている疲労まで抜いていく**	**走り方のおさらいをしよう**	**ピッチを刻んでバネをためよう**
	シーズンの疲労を抜くために快適な速度で走りつつ、距離は落としていこう	スピードは落としきらず、適度に体に刺激を入れつつ、筋肉疲労はほぐしていく	距離もスピードもゆるめて、体の芯に残っている疲労まで完全に抜いていこう	距離は抑え、フォームの再確認。ぶれていたらこの時期にしっかりものにしておこう	無理して体力を消耗しないよう、短い距離で体のバネをつける練習へシフト
	練習量 R=5分割	練習量 R=10分割	練習量 R=3分割	練習量 R=20分割	練習量 R=20分割

9月

「走るリズム」を楽しもう

短い距離をテンポよく走る意識してみよう。その分、本数を増やしてもOK

練習量 R＝20分割

徐々にランニングモードへ移行

スピードや距離を延ばしていき、本格的なマラソン練習に備える土台作りを

練習量 R＝10分割

スピード養成期

10月

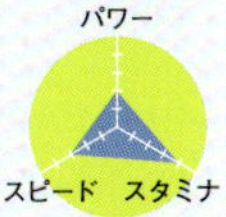

意識して距離を増やしていこう

長い距離になれるために、走り切る意識を持とう。スピードは気にせず丁寧な走りを

練習量 R＝2分割

距離を延ばすがスピードもキープ！

距離を延ばしていく。ここでスピードもできるだけ落とさないようにふんばる

練習量 R＝2分割

11月

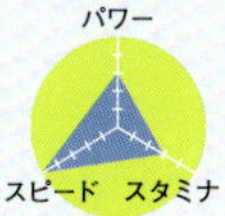

スピードの限界に挑戦してみよう

距離を積み、体力がついたら、次はスピード。タイムは気にせず行けるところまで

練習量 R＝5分割

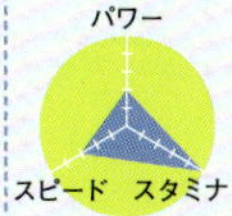

長い距離を体で覚えよう

距離感を体で覚えていきたい時期。距離を積んでも丁寧に走って！

練習量 R＝1

12月

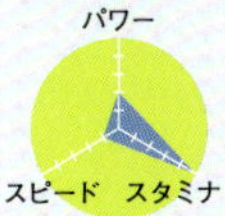

体に距離感を覚えさせよう

目標とする距離を走り切る練習を。これで体が距離感を覚えます

練習量 R＝1

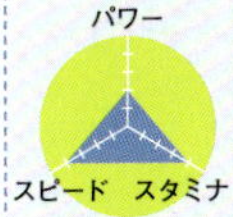

スタミナキープのままスピードアップ

距離を短めにして、少しスピードアップ！　快走をキープして走力アップをはかろう

練習量 R＝4分割

ペース安定期

1月

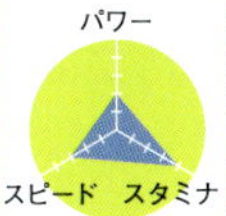

ペースを保って走り続けることを意識

走る距離を半分にした分、快適なスピードを保って走り続けられるようになろう

練習量 R＝2分割

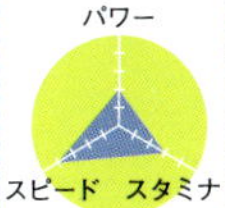

距離は短めでもスピードは上げ切る

速めのペースできっちりと走り切るように。その分、距離は短めでOK

練習量 R＝3分割

2月

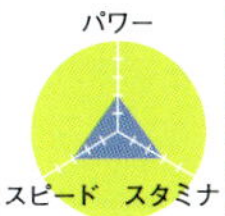

バネを感じて長い距離を走ろう

ペースの揺れは気にせず、スピードを意識しながら快調に走り続けよう

練習量 R＝3分割

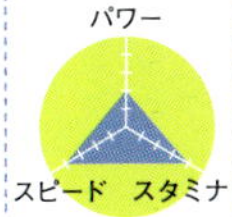

大会ペースを練習でも！

大会の設定タイムで走る練習を。きついときは距離を減らして本数を増やしてもよい

練習量 R＝4分割

3月

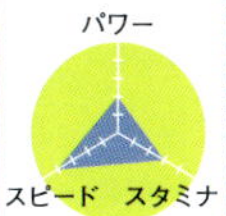

速めのペースで長い距離に挑戦！

スピードと距離を意識。息が弾むくらいスピードを上げてみよう

練習量 R＝4分割

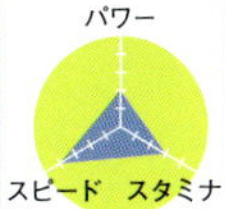

スピードを上げてタイムアップへ

距離は短めで速いスピードを維持して走る練習を。設定より速くなってもOK

練習量 R＝5分割

レース本番

いかにリラックスした走りができるかが完走のカギ。心地よく走ろう

すこし速めのペース設定に挑戦！イーブンで刻んでいこう！

※R=ランニングで、一度に走れる距離を書いてある数字に分けて、間に1分〜1分半の休みを入れる

走法別

menu 3

「ピストン走法タイプ」にオススメのトレーニングメニュー

「距離に強い」という特性を無理なく伸ばしていこう！

動き・体づくり期（4月・5月・6月）／距離アップ期（7月・8月）

ランニング初心者

4月

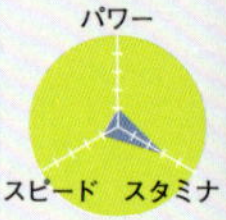

体を動かす習慣をつけるところから

ウォーキングとスキップで額に汗をかく程度に体を動かすことから始めよう！

練習量 W＝9割 S＝1割

5月

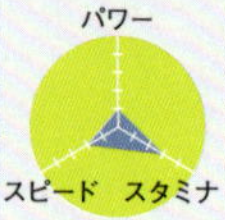

徐々に走りを練習に取り入れてみよう

調子、気分が乗ってきたらその後、走り出してみよう！速さは自分のペースで

練習量 W＝8割 S＝1割 R＝1割

6月

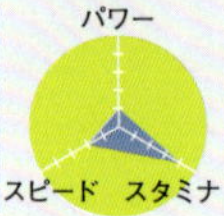

少し息が上がるくらいまでスピードを上げてみよう

ウォーキングを減らして走る量を増やしていこう。息が弾むくらいのペースをキープ

練習量 W＝8割 S＝1割 R＝1割

7月

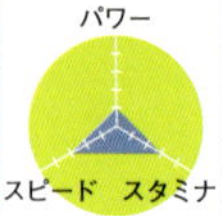

走るリズムを体に覚えさせよう

自然と上がるスピードに身を任せて、行けるところまで気持ちよく走り続けてみよう

練習量 W＝7割 R＝3割

8月

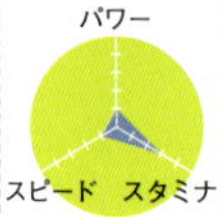

トレーニングが途絶えない工夫をしよう

暑い時期は涼しい時間を選んで無理のない練習を。ここでの踏ん張りが冬に生きる！

練習量 W＝9割 R＝1割

ランニング中・上級者

4月

シーズンの疲労を抜いていこう

大会ペースよりスピードを落とし、前シーズンの疲労や筋肉の緊張をほぐしていこう

練習量 W＝6割 R＝4割

5月

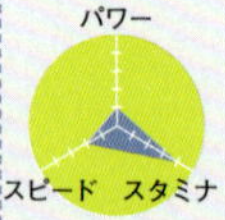

気温の上昇とともに体をほぐしていこう

さらにスピードは落として、柔らかい走りを再確認。走ることを楽しもう

練習量 W＝7割 R＝3割

6月

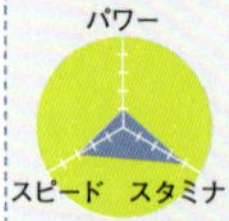

体の疲労を抜く時期。スピードは気にしない

距離は増えてもかまいません。スピードも気持ちよく走れる快走ペースに抑えよう

練習量 W＝8割 R＝2割

7月

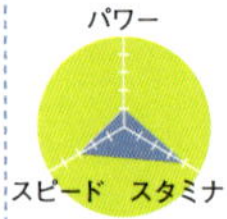

フォームを再度見直してみよう

オフシーズンのうちにフォームが自分に合っているかじっくり見直しを！

練習量 W＝8割 R＝2割

8月

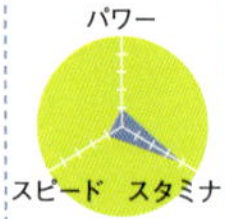

暑さをしのぎながら運動習慣はなくさない

だらだら走ることはしない。暑すぎるときはウォーキングで運動習慣を途切れさせない

練習量 W＝9割 R＝1割

レース本番		スピード養成期			ペース安定期		
	9月	10月	11月	12月	1月	2月	3月
坂やまわりのスピードの変化に惑わされず、自分の走りを！	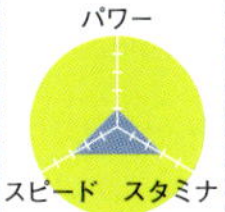 **距離よりもスピードを楽しんでみよう** 足の運びやリズムを意識し、快適なスピードの走りを楽しもう！スキップを入れてもいい 練習量W＝7割 R＝3割	 **徐々に走る距離を長くしていこう** 2週間に1回トライアルを入れるなど、どれくらいの距離まで走れるか試してみよう 練習量W＝6割 R＝4割	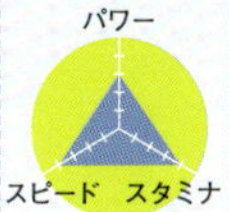 **距離を延ばしつつスピードも意識しよう** ある程度距離が走れるようになったら、スピードも落ちないように意識しよう 練習量W＝5割 R＝5割	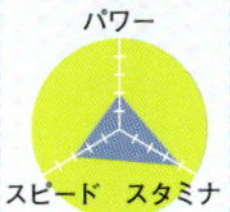 **どこまで走れるか距離にこだわってみよう** 適正ペースでどこまで1回の距離、総距離が延ばせるかに挑戦してみよう！ 練習量W＝4割 R＝6割	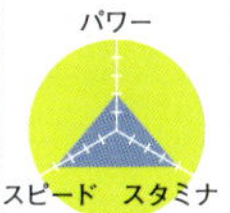 **スピードを落とさずに走り続けることを意識** スピードが落ちやすい時期。ギリギリ鼻呼吸できるペースで走れているか再確認を！ 練習量W＝4割 R＝6割	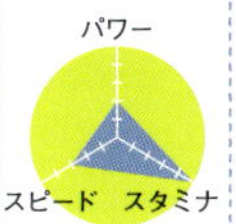 **じっくり距離を積んで寒い時期を乗り切ろう** 寒くてペースが上がらない時期はリラックスすることを意識して距離を延ばそう 練習量W＝3割 R＝7割	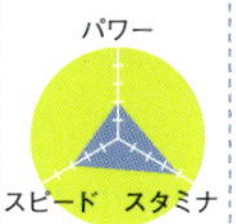 **練習でのペースで大会に出てみよう** 無理にスピードを上げたりせず、いつも通りの走りでレースを楽しもう！ 練習量W＝3割 R＝7割
これまで育てた体力を発揮！どこまでペースを保てるかチャレンジ	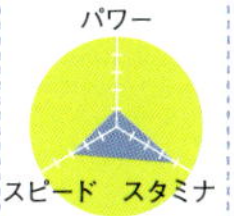 **涼しい時間帯に少しずつ距離を延ばそう** 快適に走れるスピードで、一度に走る距離を延ばしていこう。走り込みの土台をつくる 練習量W＝7割 R＝3割	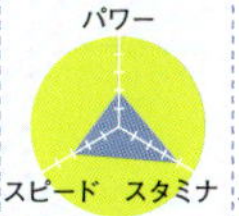 **一気にスピードと距離をあげよう** 涼しくなってきたら、力まないように気をつけながらスピードと距離を上げていこう 練習量W＝6割 R＝4割	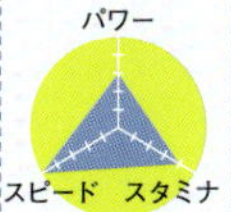 **距離は変えず、速さの限界に挑戦してみよう** 距離は延ばさず、上げてきたスピードをさらに上げてみよう。ここが正念場 練習量W＝5割 R＝5割	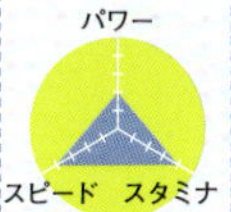 **スピードを保ちつつ距離にこだわろう** 上げてきたスピードを保ちつつ、距離を延ばしていこう！レースも視野に入れて 練習量W＝4割 R＝6割	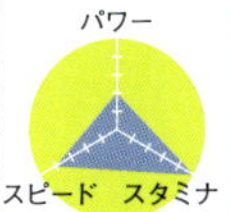 **距離もスピードも落とさず走り抜く** これまで上げてきたスピードと距離を保ちつつ、レース仕様に仕上げていこう！ 練習量W＝3割 R＝7割	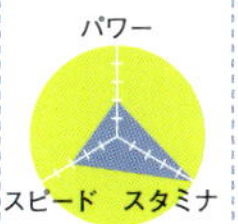 **ベストな筋肉状態。本番も出し切ろう** 体はベストな状態。寒さや緊張から力まないよう、レースではリラックスして走り切ろう 練習量W＝2割 R＝8割	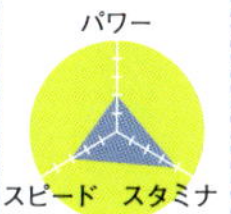 **疲労に気をつけながらレースを楽しもう** 今シーズンの疲れが出やすい時期。距離を抑えて、疲労を抜きながらレースにでよう 練習量W＝4割 R＝6割

※自分の適正距離から、それぞれW=ウォーキング、S=スキップ、R=ランニングの割合が練習量の目安

補強メニューはコレ！

レーニング効率もよくなり、走力の底上げも実現！

ピストン走法タイプの弱点

筋力が少ないので前に進みにくい

もともと、脚の骨のアームが長く、その分、脚の筋肉もほかのタイプより長め。このため瞬発系の力が強くないので、思ったように前に進まない

ここを補強

瞬発系の力を補うために「インターバル走」を！

短い距離をしっかり走り、休んで、再び走り、休む。目安としては50メートル×30本。この繰り返しが瞬発系の筋力を鍛えながら、「走る」「跳ぶ」動作をきちんと身につけることにつながる

ここを補強

「ドリルトレーニング」を増やして効率の良い足使いを身につける

足の使い方を体に覚えさせるのが、ムダのない走りを身につける一番の近道。走りながらでは難しいので「ドリルトレーニング」でつま先をつき、その後、踵をつけるツータッチの足のつき方をマスターしよう

さらに速くなるために！

あなたに合う

フォームのタイプ別に弱点克服方法を紹介。通常のト

スイング走法タイプの弱点

スタミナ不足になりやすい

もともと脚を押し出すことが自然とできる体型。だからこそ、「跳ぶ」動作が身につかず力任せに走ってしまい、スタミナ不足になりやすい

ここを補強

あえてゆっくりペースにして長い距離を走る

距離やペースを気にせず走る。こうすることで、ていねいに「走る」「跳ぶ」という動作を体にしみこませていくことができる。エネルギー効率のいい走り方が身につき、格段に長い距離が走り切れるように！

ツイスト走法タイプの弱点

ブレーキをかけながら走りがち

つま先をつき、その後踵をつく。ツイスト走法特有の着地は前に進む力を生み出すが、踵着地になってしまうとブレーキが必要以上にかかるムダのある走りに…

2か月スペシャルメニュー

思うように練習が積めなかった人はこの特別メニューで乗り切ろう！

疲労抜き期

1週間おやすみ
40km走のダメージを修復

プチ追い込み期

大会
2か月前

1か月前	6週間前	8週間前	9週間前	大会2か月前
15km走って距離感を！ 疲労が抜けつつある体で気持ちよく走って距離感、スピード感を戻す	**快走ペースで10km×3日** 40km走で残っている疲労を走力を落とさずに抜くため距離は抑える	**40km走にチャレンジ** 40kmを走り切る。ここでの負荷がレースの頃ベストで走れるパワーに変わる	**20km×2日で足に負荷を！** 脚、心肺に負荷をかける週。きつくても適正ペースで走るよう踏ん張ろう！	**15km×2日で走る足に！** 大会2か月前の週は15km走を2回。きつかったら15km走は分裂走にしてもOK

フルマラソンに誘われて、抽選に当たって…。最初はやる気満々だったものの、気づけば大会目前。なんとかベストタイムを出す方法はないのか？ 今回特別に鈴木先生が直前メニューを作成。上記の練習メニューに取り組んでみよう！

2か月メニュー練習ルール

ルール 1 ペースは鼻呼吸がギリギリできる速さ

ラクな呼吸のまま、距離をこなすだけでは体に負荷はかからず、走力アップは期待できない。心肺を鍛えるためにも、トレーニングのスピードは必ず、ギリギリ口呼吸にならない鼻呼吸のペースで走りきろう！

あっという間に
大会目前…

この通りに走ればベストタイムが出る!?

まだ間に合う!

「やばい！まだ先だと思っていたレースが目前！」。

大会当日

調整期		調子上げ期		
前日	4～5日前	2週間前	3週間前	4週間前
走りたければ ラクに5km 前日は走りたければ走る程度でOK。距離もペースも無理はしないこと	**15km走って 筋肉に喝！** 大会直前に少し負荷をかけて、重い筋肉をつくる。これで当日ゆるみ過ぎない	**ペース自由で 10km×3日** ペースにはこだわらず、気持ちよく走り切ろう。体も気持ちも上げていく	**25km走で 距離を積む** スピードを上げつつ距離も延ばす。行けるところまで最後の追い込みをしよう	**少しペースを 上げ10km×3日** 調子が上がってくる時期。レースペースまでスピードを上げていこう

1週間前の練習日の決め方

	月	火	水	木	金	土	日
○		練習		練習		練習	
×					練習	練習	練習

ルール 2

週中と週末をうまく使って、休養日を設ける

時間がないからと焦って毎日走り込むのはケガの元。週末と週中をうまく使って、コンディションのいい状態で練習に取り組もう！ これなら、練習で傷んだ筋肉の超回復効果も期待できる

column.3

ラストスパートはどこでかけるといい？

何キロ地点からラストスパートをかければいいのか。これは多くのランナーにとって気になるテーマのひとつでしょう。

そのタイミングを測る手法に「大股走り」があります。

まず、あなたが現在持っている「パワー持久力」を把握するために、できるだけ大股で走ってみてください。その際、フォームや呼吸のことは忘れて、息も切れ切れになるまで走りましょう。数値で言えば、最大酸素摂取量80%以上の限界の息切れに挑むことになります。

ただし、より大きな歩幅を稼ぐことを目指すのではなく、自分の体型に合った大股で走るようにしてください。仮に５分間、大股で走ることができれば、それがあなたの「パワー持久力」であり、ラストスパートできる時間ということになります。

この大股走りのメリットは、それがそのまま対乳酸トレーニングになる点です。最大酸素摂取量の80%を越えた強度の運動は、上り坂を全力で駆け上がっているのに近い状態。一度、限界に達したら１分～１分半の休憩を入れて、５本ほど繰り返していきましょう。

この大股での全力疾走が３分間続くようになったら、ランナーとしての能力は高いと言えます。少なくともゴール前で、５人は抜くことができるでしょう。

05

“走る筋肉”を鍛えて さらに速くなる! パワーアップドリル

ランニングは全力で頑張るほど、ムダなエネルギーを使い、スピードが落ちます。
では、どうしたら速く走れるようになるのか?
本章のドリルでムダのない、体や足の動かし方を体得するのが近道です!

9つのドリル

自分の骨格に合ったランニングフォームを身につけたら、次に取り組むのは「持ちスピード」を向上させるスピード練習です。

3つの筋力を鍛える9つのドリルを通して、すばやく動く体、スムーズな足の運びを身につけていきましょう。

ドリルをする時のポイント

- 1つの筋力に狙いを定め、週に1回ずつ行う
- 体が素早く動いているかに意識を向ける

ランニングには「3つの筋力」が必要

跳ぶ筋肉の「筋パワー」

パワーといっても、重さに耐えるわけではありません。自分の体を跳ばす力（走る＝跳ぶこと）を高めるメニューで、パワフルな走りを身につけるためのテクニックを磨きます

正確に力を出す技術の「筋スピード」

筋スピードは、体をすばやく動かす力。すばやさには体と足の運びの連鎖が欠かせません。そこで、走る間の体の動きを意識づけるトレーニングを行います

体の滑らかな動きを持続させる「筋スタミナ」

質の高い走りのポイントは、上半身、下半身、足の運びを連鎖させること。そして、その連鎖を持続させるのが筋スタミナ。長距離を走り切る力を鍛えます

パワーアップが実感できる!

走る技術を磨く

腹筋や背筋といった筋トレでは「走るための筋肉」は鍛えられません。
効率よく走る筋力を鍛えるにはドリルが効果的です

LEVEL 3

両脚階段ジャンプ

全身のバネを鍛え、上半身、下半身の連動を高めていくドリル。階段を使って行います

LEVEL 2

階段サイドスキップ

体を正面ではなく横向きにして行うサイドスキップで、階段や土手などの傾斜を上ります

LEVEL 1

スキージャンプ

スキージャンプでジャンプ台から跳び出す直前の前屈した状態から跳び上がる、あの姿勢を取り入れたドリルです

LEVEL 3

階段1段ダッシュ

その名の通り、階段1段ずつ駆け上がるトレーニング。足の運びと股関節の動きを連動させていきます

LEVEL 2

能歩き

古典芸能の能のように、つま先をすりすりと滑らせるようにして前に進む動きを身につけるドリルです

LEVEL 1

下り坂蛇行走り

難しい条件は何もなく、ただただ下り坂を左右に蛇行しながら、走って下りていくドリルです

LEVEL 3

上り坂チャレンジ

上り坂で踵をつけて走るドリルを行い、上りを他のランナーを追い抜くチャンスゾーンに

LEVEL 2

ダチョウ走り

珍妙なポーズながら効果は絶大。体の動き、足の運び、運動連鎖を磨くと同時に、筋スタミナを鍛えます

LEVEL 1

サイドクラウチング

短距離走のクラウチングスタートの姿勢で股関節を鍛え、ランニングを安定させるドリルです

筋
パワー強化
LEVEL 1

真上に跳ぶ「スキージャンプ」が強い腿裏をつくる!

走る時にふくらはぎに力が入りがちな人ほど効果があります

スキージャンプ(10回×3セット)

スキーのジャンプでは前に飛び出しますが、このトレーニングでは体を真上に跳ばします。主に鍛えられるのは、腿裏のハムストリングス、背中の脊柱起立筋群です

上半身を前に倒し、スキーのジャンプ台から跳び出す直前の姿勢をとる。踵は浮かないように

強化される筋肉はここ!

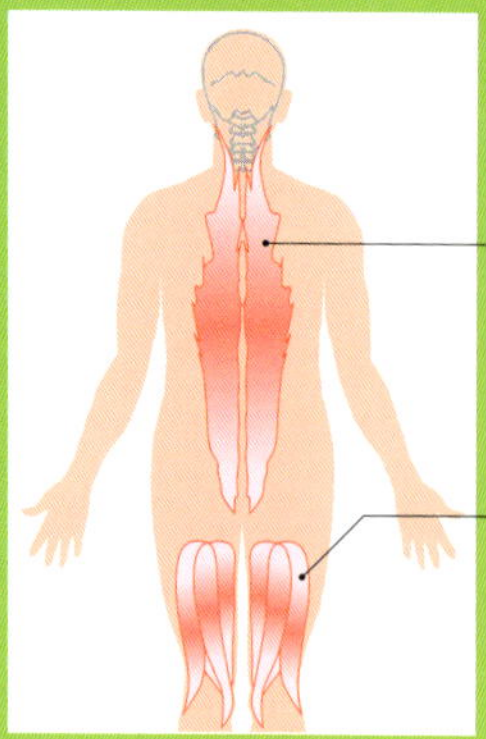

「脊柱起立筋」

姿勢の要である背中の筋肉は、走る際に脚の筋肉以上に重要な役割を担っている

「ハムストリングス」

大きな推進力を生むためには、脚一番の大きな筋肉であるハムストリングスを鍛えるといい

真上に飛ぶ

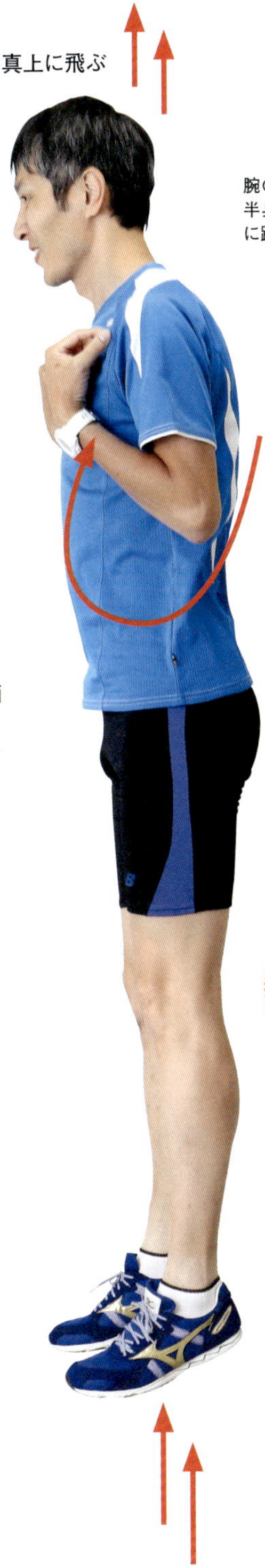

腕の力を大きく使い、上半身を起こしながら真上に跳び上がる

point

最終的に手は胸の位置へ

後ろに伸ばしていた手は、跳び上がるとともに回転させ、胸の前に持ってきます

point

脛は地面と平行に

跳ぶ前も着地時も、脛は地面に向かって垂直に保ちます。これは走る動作に近い姿勢を保つためです

point

膝を柔らかく使って跳び上がる

跳び上がる前の姿勢をとる際、体が硬い人は前につんのめってしまうので膝をやわらかく使いましょう

ここに注意！

1 はじめは「足幅は肩幅くらい」にして立つ

2 つま先と膝の向きは「常にまっすぐ前向き」

3 上体を伏せた時に「踵が浮かないように」にして立つ

筋
パワー強化
LEVEL 2

推進力が生まれる、蹴る筋肉を鍛える「サイドスキップ」

バランス悪く脚の前後についてしまった筋肉を矯正！

階段サイドスキップ（20段×10往復）

まず、右側を前にして上がって下がり、次に左側を前にして上がって下がりを10往復。片側５回ずつ行います。階段ならば20段くらいを目安にしましょう

point

最初は平地でやってみてもOK

階段の段差を使って行いますが、うまく跳ぶ感覚がつかめないときは、平地で試し、自分にちょうどいい感触をたしかめましょう

スキップとの大きな違いは、体を正面ではなく横向きにして行うこと。いわゆるサイドスキップです

強化される筋肉はここ！

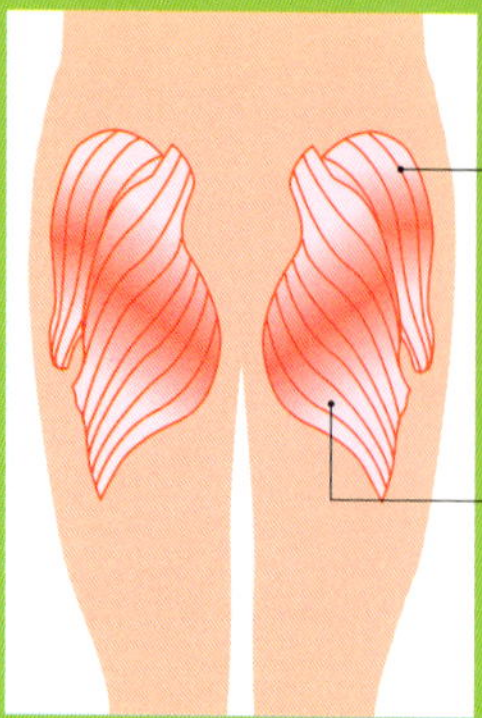

「中臀筋（片脚支持筋）」

片足で体を支えるランニングで、中臀筋がしっかり使えると、脚の負担が軽くなる。力まない走りが手に入る

「大臀筋（おしり）」

推進力を生み出す筋肉といわれている。鍛えることで、疲れにくくスタミナのある走りが実現

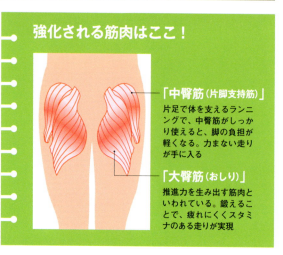

point

キックの際の筋肉について

サイドスキップの動きは、ランニング時の前への推進力となるキックの際に働く筋肉に働きかけ、体を押し出す力を鍛えてくれます

横方向に動きながら、じつは前へ進む力が鍛えられていきます。また、自重負荷なので、筋肉がつき過ぎるという心配もありません

point

ゆっくりでもいいから「跳ぶ」意識で

動作として大事なのは、跳ぶことです。膝を高く上げる方がやりやすい人、上げない方がうまく足を運べる人、感覚はさまざま

2段、3段と飛ばした方がスムーズな人もいますが、急いで先に進もうとせず、一歩ずつていねいに"跳ぶ"意識を持ちましょう

ここに注意！

1 つま先だけではなく「踵でしっかり地面を押す」
2 下側の脚はなるべく「伸ばしたまま」
3 上側の膝は「ゆっくり持ち上げる」

筋
パワー強化
LEVEL 3

「両脚階段ジャンプ」で全身のバネを強化！

上半身と下半身の連動がスムーズになり、体の〝バネ〟が鍛えられる！

両脚階段ジャンプ（5段×3回を3セット）

ランニングスキルを磨くには、下半身を強化するだけでなく、上半身とうまく連動させることが重要です。「両脚階段ジャンプ」は全身のバネを鍛え、跳ぶ力を連動させます

両足をつき、両膝を曲げ、パワーを溜めてからジャンプします。飛び越える段数は1〜3段。現在の筋力に合わせてください

point

膝にパワーをためるイメージ

跳ぶ時に膝を柔らかく使い、大きく手を前後に振ることで、自分のバネの感覚がわかります

強化される筋肉はここ！

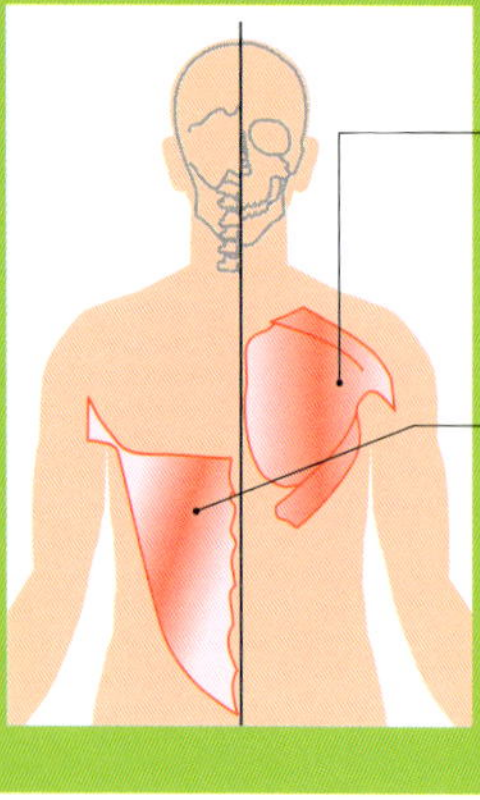

「大胸筋」

背中の筋肉を柔軟に使うためには、その対となる胸の筋肉が同じように鍛えられている必要がある

「広背筋」

背中が反ると、脚が後ろに振り出され、背中が屈むと脚は前に振り出される。背中の筋肉を柔軟にすることで脚を負担なく動かせる

point

手の力による浮く感覚と体の連動性に気づく

手を上げたときに、体がふわっと浮き上がる感覚。その感覚への気づきと、運動連鎖を実感することも、このメニューの目的です

5段×3回3セットでは、負荷が足りないと感じるようでしたら、10段×3回を3セットにまで増やしましょう

point

体の中のバネが伸びる意識で

前ではなく、上に跳ぶ感覚を意識しましょう。体を前進させるパワーと連動性を意識しながら跳ぶことで、バネがついていきます

ポイントになるのは、手の動き。手が大きく上下することです。慣れてくると、自然と跳べる距離も高く長くなっていきます

ここに注意!

1 「足幅は肩幅程度」に広げる
2 「膝は軽く曲げる」
3 「足の裏全部で」地面を押す

筋
スピード強化
LEVEL 1

ブレーキのかからない足の運び方を身につける

スピードに乗っていきたい下り坂の足の運びをマスターしよう

下り坂の蛇行走り

坂をまっすぐ駆け下りる場合、人は無意識のうちにブレーキをかけます。そこで、蛇行しながら下ることで、ブレーキのかからない足の運びと体の動きを身につけていきます

point

蛇行する幅は1mくらいでOK

蛇行する幅は小刻みに重心を左右に振る程度。最大でも1mくらい。大きく蛇行する必要はありません。足の運びを意識して下りていきます

ここに注意！

1 足の力ではなく、頭を少し傾けて方向を変える
2 つま先は意識せず、自然に着地する
3 道幅を取りすぎない

point

傾きは遠心力で傾く程度

体の傾きはあえて前傾姿勢を取ることも、坂に対して体を後ろに倒すようなこともなく、遠心力で自然に傾く程度に

point

スピードを殺さず駆け下りる

まっすぐ走るとふくらはぎなどが張り、ロスの多い走りに。その点、蛇行しながら走ると力が横に逃げ、止める動作がなくなります

筋
スピード強化
LEVEL 2

〝能〟の動きをマスターするとつま先から股関節までスムーズになる

ふくらはぎや前腿を使って走る人には最適の矯正ドリル

能歩き（5分×3セット）

「能歩き」の「能」は、古典芸能の能から。繰り返すうち足裏の動きがなめらかになり、これがランニングの着地から跳ぶ動きを助けます

ふくらはぎなどの力は抜き、足の裏の動きを連動させ、速くすることが目的。足の裏だけでぐっと体を前に押します

つま先で接地し、踵で地面を捉え、逆の足のつま先が接地し、踵が地面を捉え……という動きの連続です

ここに注意！

1 足幅は、間に拳がひとつ入るくらい
2 つま先と膝の向きはまっすぐ前を向ける
3 地面を擦る際、足の甲と脛がまっすぐになるように

point

ふくらはぎの力は抜いて行う

「能歩き」の運動強度は低いので、もし、筋肉痛になるようなら、ふくらはぎや前腿に力を入れすぎているといえます

point

つま先と踵の連動性を意識

つま先で接地し、踵で地面を捉え、逆の足のつま先が接地し、踵が地面を捉えの繰り返し。つま先と踵の連動を意識しましょう

point

足裏、足首を柔らかく使い滑らかに

つま先での能歩きがうまくなると、股関節、膝、足首の動きがスムーズになる

練習場所としては、フローリングの床の上が感覚をつかみやすいです。靴は履かず、靴下を履いて行いましょう

筋
スピード強化
LEVEL 3

階段ダッシュで股関節を柔らかくスムーズに使いこなす

繰り返すことで、走っている時の足の着地で股関節がうまく使えるように！

階段1段ダッシュ
（30段×3セット）

その名の通り、階段を1段ずつ駆け上がるトレーニングです。股関節の筋スピードを高め、着地時に股関節と膝を柔らかく使ったバネのある走りが実現します

階段をのぼる際、つま先から次の段に上がるのではなく、股関節を動かして、腿裏の力で足を引き上げて次の段に上がっていきましょう

point

股関節を使って階段をのぼる

速いランナーの走り方を映像でチェックしていくと、股関節をうまく使い、必ず着地時には膝が曲がり、走りのバネとなっています

point

足の着地時は膝が曲がった状態

速いランナーに比べ、一般の人は着地時の膝が伸び気味。イメージとしてちょんちょんと地面を蹴って走るようなフォームになっています

股関節を柔らかく使えていると、着地時には膝が曲がった状態に。この動きがうまくできているとトレーニング後、股関節と腿裏に筋肉痛が残ります

point

前に進むより足運びのスピードを意識

速いランナーは足の接地している時間がわずかに長い分、体が伸び上がり、跳ぶ力も発揮され、推進力を生む足運びをしています

次の段へ、次の段へと気が急いて焦ってのぼった人は、トレーニングの後、前腿やふくらはぎに筋肉痛が残ります。足の運びを意識しましょう

ここに注意！

1 つま先と膝は常にまっすぐ前を向いている
2 一歩ずつ踵は地面についている
3 膝はしっかり高く上げる

筋
スタミナ強化
LEVEL 1

ふくらはぎや腿に力みのない走りを実現！

リズミカルに行なって、腿を力ませずに股関節を使う感覚を手に入れよう

サイドクラウチング
(左右20回×3セット)

クラウチングスタートの姿勢は、ふくらはぎから足の裏の力が抜ける角度。しかも、前後に体がぶれず、股関節に体重がかかります。そこから動作を始めることで、股関節を鍛えます

クラウチングスタートの姿勢を取った時、ふくらはぎから足の裏の力が抜けている感覚を確認。力みを感じる時は姿勢に問題があります

強化される筋肉はここ！

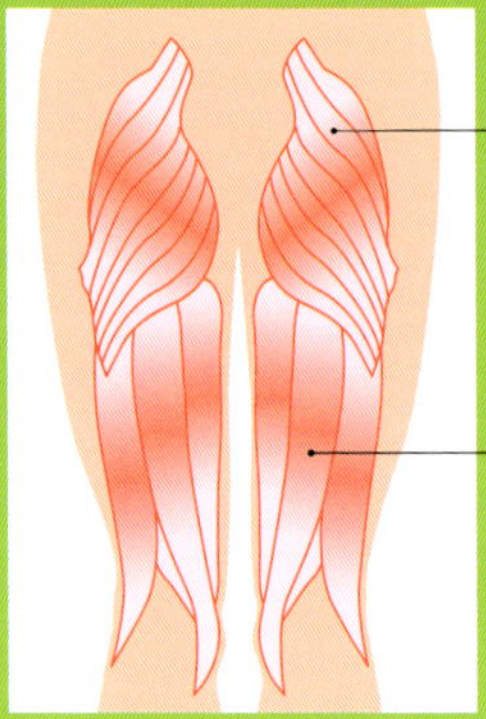

「大臀筋」

大臀筋が鍛えられると、「ベタベタ」「バタバタ」した走りが改善。バネのある柔らかくのびやかな走りに変わる

「ハムストリングス」

トップアスリートは腿の裏表の筋比率が同じくらいに対して、市民ランナーは大腿四頭筋のほうが3割ほど強い。腿裏を鍛えよう

右足を起点に腰を上げ、次に左足を起点に腰を上げる動作を繰り返します。左右を切り替える時に股関節が大きく動く感覚を大切にしましょう

point

膝から足裏までは力が抜けた状態

動作時のチェックポイントは２つ。前側の足の脛が地面から垂直になっていること。後ろ足の踵がつま先から垂直の位置にあること

point

股関節をダイナミックに動かす

ランニング中、股関節がリズミカルに動くことで、力強いエネルギーが足元に伝わります。その感覚を疑似体験する狙いもあります

ここに注意！

1 前脚の脛は地面と垂直にする
2 後ろ足の足裏は地面と垂直にする
3 膝とつま先の向きはまっすぐ前を向ける

筋
スタミナ強化
LEVEL 2

ブレーキをかけない足の着き方が身につくダチョウ走り

ブレーキをかけながら走っている人にはできない動き。テストの意味でも挑戦を！

ダチョウ走り（30m×10本）

コミカルなダチョウポーズですが、この姿勢は体の動き、足の運びの運動連鎖を磨くためのもの。特に接地の感覚が磨かれます。加えて、筋スタミナを鍛える効果も絶大です

この姿勢ではブレーキをかける、ストライクを行いながら走ることができません。体重が前後にブレると後ろに倒れてしまうからです

強化される筋肉はここ！

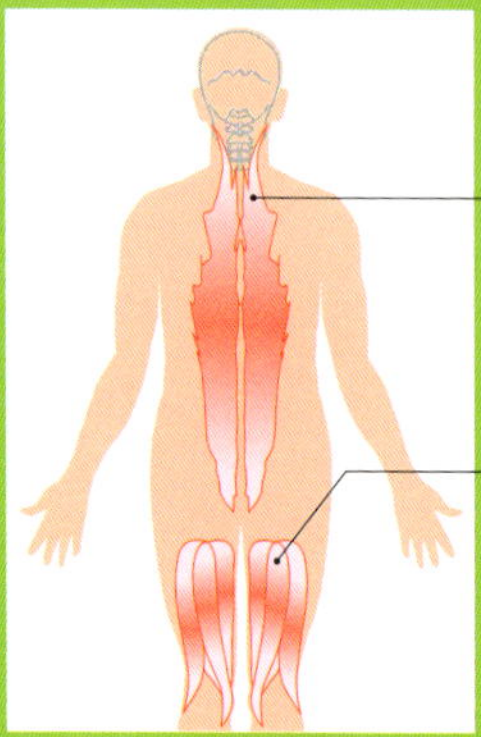

「脊柱起立筋群」

全身のバランスをとり、スムーズな重心移動を実現するためにも、しっかり鍛えておきたい

「ハムストリングス」

安定した着地と着地の時の衝撃の吸収、地面を押し出す力とランナーにとってはアクセルとなる重要な筋肉

point
ふくらはぎの力は抜く

「能歩き」のような感覚で足を運んでいくので、ふくらはぎの力は抜いた方がスムーズです。力んでいるとバランスが崩れます

自分の接地の感覚がうまくつかめていない人も、ダチョウ走りをすればわかってきます。徐々に人間の走る姿勢へと進化していってください

point
腿裏やお尻の力を使う

前述した「スタンス」を重視したリズムで走りましょう。そのためには腿裏やお尻の力を有効に使っていくことが大切です

ここに注意！

1 脛は垂直よりも前傾しないように（膝が曲がりすぎないように）
2 つま先と膝はまっすぐ同じ向き
3 上半身は転ばないようにバランスをとる

筋
スタミナ強化
LEVEL 3

上り坂をランナーを追い抜くチャンスに変える

多くのランナーに苦手意識のある上り坂がラクに走り切れるようになる！

上り坂チャレンジ

「上り坂チャレンジ」で正しい足の運びを身につけ、一定のスピードを維持できるようになれば、上り坂が他のランナーを追い抜くチャンスゾーンに変わります

「頑張って上りきろう」という意識が働くと、無意識のうちに、つま先だけを着く、ブレーキのかかった走りになってしまいます

注目

つま先で上るとブレーキがかかる

つま先で接地すると、その瞬間に力の入る感触は残りますが、じつは前に進む力を地面にぶつけ、推進力を打ち消し合っている状態

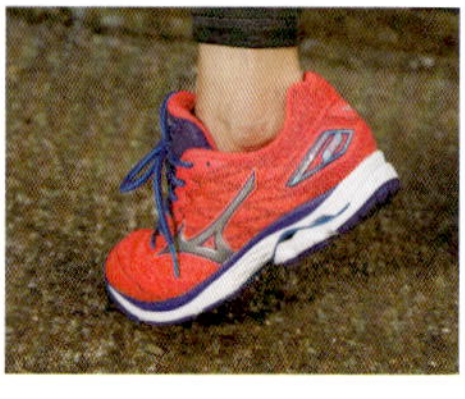

point 上半身は力まない

踵での着地を心がけていれば、猫背になってしまっても、逆に胸を張るような姿勢になってしまっても、かまいません

○ スピードに乗れる走り方

踵をつけた状態で上り坂を走ることが大切。極端な猫背になってしまう人もいるかもしれませんが、重要なのは姿勢よりも踵の接地です

point 踵から着地する

踵から接地し、つま先で蹴るように足を運ぶ。すると、体が後方へ落ちるエネルギーを前に進む力へと変えて、生かすことができます

point つま先でしっかり蹴る

つま先は着地ではなく、地面から離れる時のキックに使いましょう。踵から足裏を伝わってきたエネルギーを放つイメージです

column.4

ランとジョグの違いって？

巷では、ランナーを走りのレベルによって、遅い順から順にジョギング、ランニング、レーシングとカテゴリー分けされています。

「初心者が1回30分走れるようになったら、立派なジョガー」

そんなふうに定義することもあります。

尺度となるのは、タイムと距離。そして、頑張り……。

私はこうしたカテゴリー分けに疑問を感じています。同じ距離を速く走るからレーシングなのかというと、そうではありません。

人にはそれぞれ、持って生まれた能力があり、個性があります。重要なのは、タイムが速いか遅いか、長い距離を走ることができるかできないか、ではないのです。

その人自身が自分の体の特性を活かして走れているかどうか。

私はその一点で、ランニングの上級者か、中級者か、初心者かを測っています。走ることのスキル、技術力を身につけた人は、タイムが遅くとも上級者です。

ところが、多くのランナーは自分でゆるやかなペースだからジョギング、今日は頑張っているからランニングと判断しています。そこに見え隠れするのは、頑張るだけ、体力任せで走ったマラソンの体験です。あなたには、頑張りに頼る力任せのランニングではなく、自分に合ったランニングスキルを身につけて走ることを楽しんでもらいたいと思っています。

06

靴や食事の選び方も知りたい！

ランニングQ&A

日頃の練習で必要なシューズやウェア選びから、
レースでのエネルギー補給の方法まで
本章では、さらにもう一歩踏み込んだランニングの疑問を解決。
知れば知るほど、走り出したくなってくる！

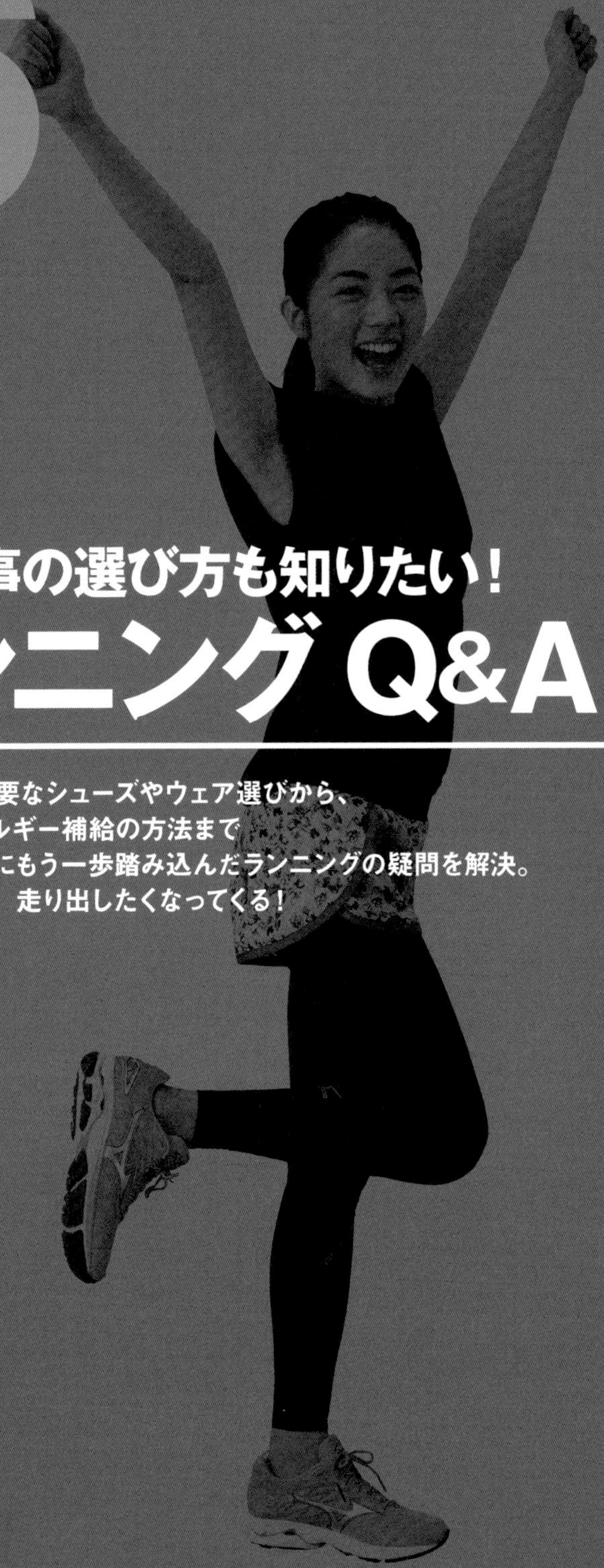

Q1 靴が足に合っているのか正直わかりません

A 拇《ぼ》指《し》球《きゅう》と靴の折れる位置があっているかチェック！

ランニングシューズはランニングにおける数少ないギアのひとつで、体と地面をつなぐ非常に重要な役割を担っています。だからこそ、シューズ選びは大切です。ランナーの中には、クッション性や軽さ、持ちタイムを基準に選ぶ人もいますが、これは大間違い。最優先されるべきは、足のサイズに合っているかどうかです。

その際の見極めのポイントは、指先にあります。試着する時は足を着いて蹴るという動きの時に、拇指球の位置が靴の折れる位置と合っているかどうかをチェックしましょう。

これは、ハズレシューズを見極めるポイントでもあります。デザイン性に特化しすぎた結果、関節や足首の返しなど、人間の体の構造上曲がるべきところとシューズの曲がる部分がまったく合っていないシューズがあります。これは100%ハズレシューズです。

走る距離が長くなればなるほど、ケガを誘発する可能性があります。

やってはいけない！

ランニングシューズの選び方

- ✖ デザイン重視
- ✖ ソールの厚いもの
- ✖ 踵に合わせて試し履き
- ✖ 参考タイムで判断

お店でチェック！

足に合う靴の見極めポイント

point 1

足が靴の中で動き回らないか

履いて走ってみた時、靴の中で足が泳ぐようなことがないかチェック。つま先での着地、踵での着地、足裏全体での着地。いろいろ履き比べて、抜け感も詰まり感もなくフィットするシューズを選びましょう

point 2

拇指球の位置で靴が折れるか

試着する前にシューズを手に持ち、前後左右に曲げてみれば、すぐにわかります。「ここで曲がるのか」と違和感があったら、どんなに軽くて、クールなデザインでも履くのは避けましょう

point 3

ソールにはボリュームがありすぎないか

ショップでは「着地の衝撃を受け止められる」と初心者コーナーにソールの厚いシューズが置かれています。しかし、厚すぎるソールは地面との摩擦が大きく疲れやケガの遠因になります

Q2 ウェアはランニングに影響があるの？

A 意外な盲点!? ソックス選びにこだわろう！

基本的にウェアは好きな素材、形状のものでかまいません。ひとつアドバイスすることがあるとすれば、気温の変化に応じて、素材などを合わせることでしょう。

特に綿のTシャツは汗を吸った後、肌に張りつき、寒風の中を走るには不向き。インナーウェアの吸汗速乾性と保温性には気を配りたいところです。

一方、私がウェア以上にこだわっているのは、ソックスです。ソックスは地面とシューズと足の真ん中にある大切なもの。５本指や足袋タイプのソックスは加工が過剰で、足にくっつきすぎる印象です。すると、地面とシューズ、足とソックスが分離してしまい、シューズの中で足が滑る現象が起きてしまうのです。

オススメは薄手のシンプルなもの。丈の長さはくるぶしのところまでが腱への圧迫もなく、ベストです。

やってはいけない！

ウェアの選び方

- ✖ 機能性ソックスを選ぶ
- ✖ 寒くても薄着
- ✖ 夏に綿100％のTシャツ

パフォーマンスを100%引き出す ウェアの選び方

寒さは体力を奪います。スタートから走り出すまでに時間のかかる参加者の多いレースの場合、コンパクトに折りたたむことのできるウインドジャケットを携行しましょう

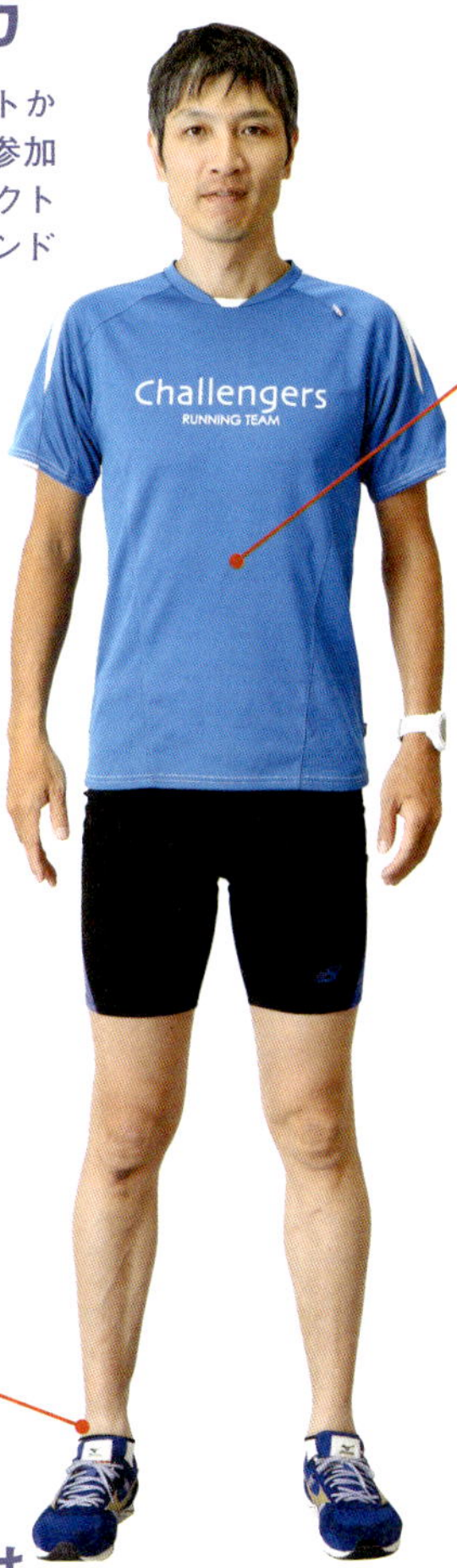

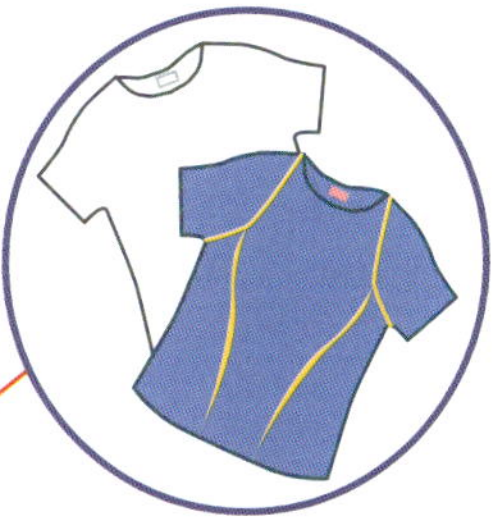

Tシャツは季節によって素材を変えよう

ことさら高機能をうたうウェアを買う必要はありませんが、綿のTシャツは汗を吸った後、肌に張りつき、寒風の中を走るには不向き。素材の吸汗速乾性と保温性には注意しましょう

靴下は「伸筋支帯」を支えるものを！

くるぶしには「支帯」があります。これは腱などが飛び出ないよう支えている帯。ちょうどくるぶしの下に位置し、そこにソックスのゴムを合わせると腱への余計な圧迫を予防できます

ソックスの違いは走りにどう影響する？

5本指のもの

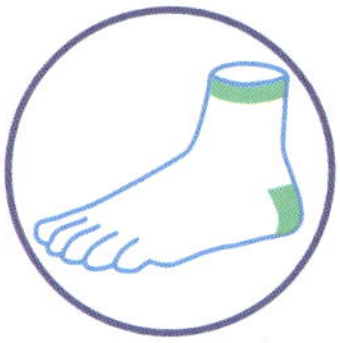

フィット感で選ばれる5本指タイプですが、逆にシューズの中で指が力んでしまう要因に

タビタイプ

親指の自由度の高さと素足感覚が好まれるタビタイプは、足が泳ぐ要因になります

滑り止めつき

シューズとソックスが一体になりすぎ、ソックスの中で足がずれる傾向がみられます

機能性スパッツ

ふくらはぎへの締めつけに加え、ゴムによる腱への影響も心配です

Q3 やはり炭水化物多めの食事がいいの？

A あえて炭水化物多めの食事にする必要なし！

「大会前はパスタ中心の食事にして、カーボローディング」

一般のランナーの間でも、そんな会話が交わされるほど、「カーボローディング」はいつからか一般的な言葉になっていきました。しかし、結論から言えば、日本人にはカーボローディングは必要ありません。普段からお米を食べている日本人の場合、ランニングに必要な炭水化物（カーボ）は日常生活の中で十分摂取することができています。

「大会前だからカーボローディングだ！」とバランスの悪い炭水化物中心の食事をすると、肝心のカーボをエネルギーとして燃やすために必要なビタミンやミネラルを摂れない可能性があります。

大会前には野菜や果物を多めにすることでビタミン、ミネラル、魚や豆腐といった食材でタンパク源を補給するイメージを持ちましょう。日本人に必要なのは溜めたカーボをきちんと燃やす栄養素です。

走りの型別

レース当日にオススメの食べもの

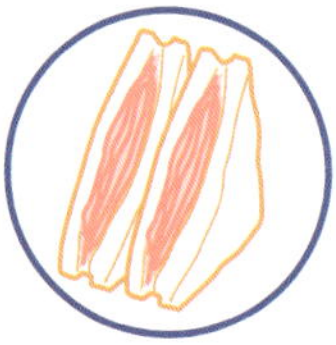

スイング走法タイプは…

ハムサンド

ランニングに人一倍パワーを必要とするスイング走法タイプの人は、ハムサンドがオススメです

ツイスト走法タイプは…

レタスサンド

ツイスト走法のタイプは炭水化物を燃やすビタミン、ミネラルを補うためにレタスサンドがオススメです

ピストン走法タイプは…

焼きそばパン

ピストン走法のタイプは糖質を補いたいので、焼きそばパンがオススメです

ベストタイムを引き出す食事はコレ！

パフォーマンスを高めるためにも食事は重要。
トレーニングで失われてしまう栄養素をしっかり補ってレースに臨もう

3 週間前

ビタミンC、クエン酸の多い食材を意識

これまでの練習で蓄積した疲労を回復させる時期です。ビタミンCやクエン酸が回復の助けとなるので、野菜中心の食事にグレープフルーツやイチゴ、梅干しなどをプラスしましょう

2 週間前

肉や魚を多めに摂って筋肉を補修

疲労回復しつつも筋肉には刺激を与えたい時期です。食事は普段どおりのメニューでかまいませんが、筋肉の補修のため、肉、魚、豆腐、牛乳などを多めにし、タンパク源を補給しましょう

1 週間前

おかずにこだわり脂肪燃焼を促進

おかずには脂肪燃焼を効率よくするビタミンを多く含むタンパク源を。たらこ、レバー、鶏肉、たまごなどがオススメです。また、1日1缶程度のフルーツジュースで糖質も補給しましょう

前日

焼肉やかつ丼など胃の負担になるものは避ける

お酒を飲む人は
3日前から控えよう

特別なメニューは必要ありませんが、脂っこくない和食がオススメです。また、野菜や果物を多めにすることでビタミン、ミネラル、魚や豆腐といった食材でタンパク源を補給しましょう

当日

スタートの3時間前までにしっかり噛んでエネルギーチャージ！

当日の朝は慌ただしいので、コンビニ調達でも十分。大切なのはしっかり噛むこと。消化酵素である唾液を出すことがランニングにプラスに働きます。噛まずに摂れるゼリー状の携帯食は避けましょう

Q4 レースではどんな栄養補給をすればいいの？

A ジェルやゼリーではなく、鮭とばやウルメイワシを！

レース中の栄養、水分補給は、記録を左右する重要なものです。

一般的には吸収がよい水分として、いわゆるスポーツ飲料のようなハイポトニックドリンクがあげられます。しかし、浸透圧の問題があり、補給しすぎると吸収されず、飲み過ぎで胃腸がダボダボする状態になりやすいというデメリットがあります。

そこで私は、かえって喉の渇きを引き起こしそうな携行食と水の組み合わせをお勧めしています。

特にフルマラソンを４時間以上かかって走るのであれば、携行食は重要です。ウルメイワシ、鮭とば、ジャーキーなどの乾き物がオススメです。この組み合わせならば、携行食の塩分が水の体内への吸収を進めると同時に、咀嚼による唾液が消化を助け、効率よくエネルギーを補うことができます。また乾き物は軽いため、携行する重量を減らせ、脚への負担も最小限に抑えられます。

フルマラソン完走のためにエネルギーになるのは…

○ 噛みごたえと塩分のあるもの

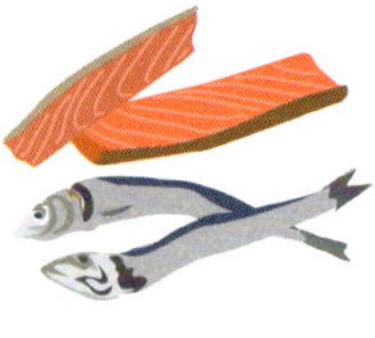

ウルメイワシ、鮭とば、ジャーキーなど。噛むことにはリフレッシュ効果もあり、疲労を軽減してくれます

× 噛まずに食べられ糖分の多いもの

ゼリー状の携行食。咀嚼しないため、脳が満足せず、時間がたつと摂取時よりも疲れを感じるようになります

Q5 レース後の疲労回復に効果的な食事の仕方は？

A 走り終わってからの時間で摂るものを変えよう！

ランニング中、いかに効率的に塩分、カルシウム、水分を補給していたとしてもフルマラソン完走後は、筋肉や肝臓に蓄えられているグリコーゲンが減少し、体の中の水分量も不足気味になります。

また、エネルギーを作り出すために必要なビタミンやミネラルも、大量に消費。内臓も疲れています。

この弱った体を回復させるためには、ゴール後にいかに効率よく、適切な栄養補給を行うかが重要なポイント。そこで、覚えておいていただきたいのが、レース後の30分と、運動を終了してから2時間後にゴールデンタイムが存在していることです。

「超回復」とも呼ばれるこの時間には、体が本来持っている「傷ついたものを自然に直そうとする力」を発揮し、成長ホルモンを分泌。そのタイミングで、「糖質（グリコーゲン）」、「たんぱく質」、「ビタミン・ミネラル」を摂ると、素早くリカバリーすることができます。

体が回復する食事のPoint

30分後 ヨーグルトやフルーツジュースを

まずは軽食としてヨーグルトやフレッシュジュースを摂り、失われた糖質、ビタミン・ミネラルを補います

2時間後 タンパク源となる肉や魚を摂る

消化に良く良質なタンパク質を含んだ食事を。煮込み料理や鍋、海鮮丼などが吸収よく、体の欲する栄養素を含んでいます

column.5

速いランナーと遅いランナーの違い

速いランナーと遅いランナーの差は耳でわかります。というのも、トップランナーほどランニング中に足音がしないからです。

一方、遅いランナーはバタバタ、ドタドタと足音を立てながら走っています。これは足の着地時にストライク、ブレーキが強いからです。下の図に示したように、遅いランナーは膝が伸びた状態で着地し、足の接地時間の短いＶ字の走りをしています。

逆に速いランナーは股関節を大きく使っているので膝が曲がり、着地後の接地時間が長く、ぐいん、ぐいんとバネのあるＵ字の走りをします。

あなたの走りに力みからくる、足音がないか。ランニング中にチェックしてみてください

速いランナーの足の接地

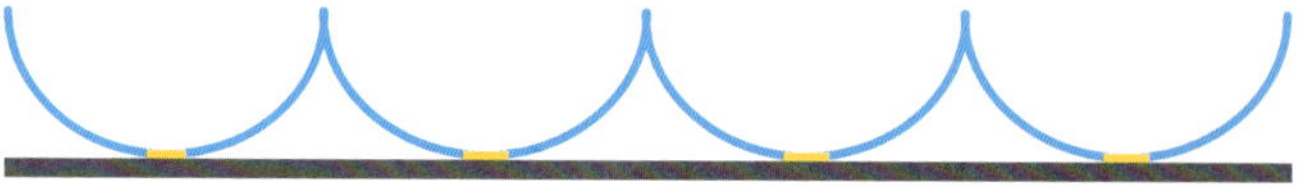

股関節を柔らかく使うことで、地面からの反発力をバネとして活かし、推進力のある走り

遅いランナーの足の接地

膝が伸びた状態でちょんちょんと足をつく走り。前に進む力が瞬間的な接地で地面に吸収されてしまう

特別付録

これから始める人も！　これまで挫折した人も！

レースが楽しみになる練習ノート

使い方

1 年間の大まかなメニューを考えよう！

まずはギリギリ鼻呼吸で走れる距離を測って、現段階の走力を❶に記入しよう。次に、目標とするレース・タイムを❷に記入し、ここから逆算して❸に毎月クリアする目標を設定していこう

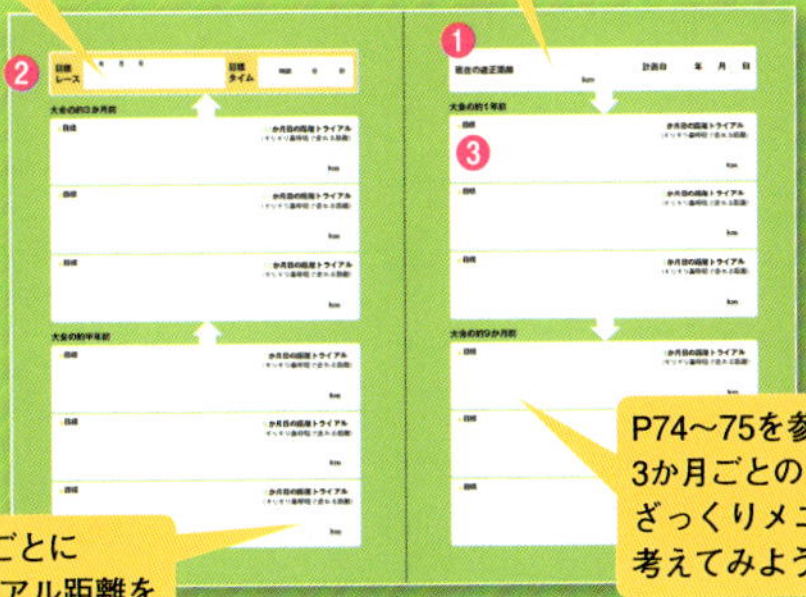
目標とするレース、タイムを入れよう
いまの走力を書き込もう
P74〜75を参考に3か月ごとのざっくりメニューを考えてみよう
1か月ごとにトライアル距離を記入していこう

2 1か月の予定を細かく入れよう

1か月の自分の予定を記入。予定と重ならないように週2〜3日、練習日を決めよう。「今月はスタミナ強化の月だから前半はスキップ、後半はランニング多めにする」など、年間予定に合わせて決めていこう

P76〜81を参考にしつつ、自分の予定と合わせたメニューを考えよう

3 1か月の予定と、実際にやったことを記入しよう！

今日やる練習メニューを❶に記入。練習が終わったら❷に実際にやった練習メニューを記入しよう。❸には自分の体の調子、足の感覚、レースに向けての意気込みなど走りながら感じたことを書こう

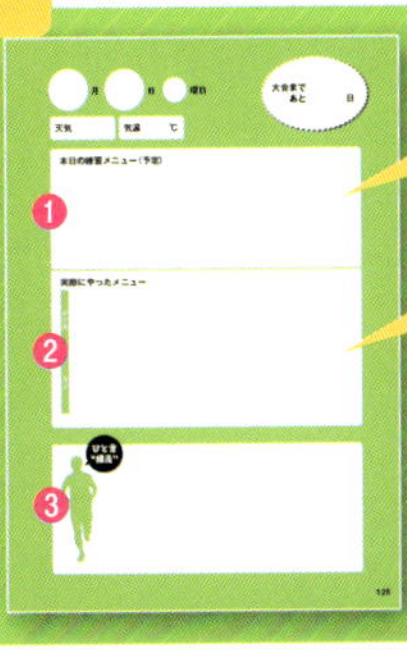
今日の練習メニューを書こう
実際にやったトレーニングを書こう

現在の適正距離 km

計測日 年 月 日

大会の約1年前

★目標

1か月目の距離トライアル
（ギリギリ鼻呼吸で走れる距離）
km

★目標

2か月目の距離トライアル
（ギリギリ鼻呼吸で走れる距離）
km

★目標

3か月目の距離トライアル
（ギリギリ鼻呼吸で走れる距離）
km

大会の約9か月前

★目標

4か月目の距離トライアル
（ギリギリ鼻呼吸で走れる距離）
km

★目標

5か月目の距離トライアル
（ギリギリ鼻呼吸で走れる距離）
km

★目標

6か月目の距離トライアル
（ギリギリ鼻呼吸で走れる距離）
km

目標レース	年　月　日	**目標タイム**	時間　分　秒

大会の約3か月前

★目標	**10か月目の距離トライアル** （ギリギリ鼻呼吸で走れる距離） km
★目標	**11か月目の距離トライアル** （ギリギリ鼻呼吸で走れる距離） km
★目標	**12か月目の距離トライアル** （ギリギリ鼻呼吸で走れる距離） km

大会の約半年前

★目標	**7か月目の距離トライアル** （ギリギリ鼻呼吸で走れる距離） km
★目標	**8か月目の距離トライアル** （ギリギリ鼻呼吸で走れる距離） km
★目標	**9か月目の距離トライアル** （ギリギリ鼻呼吸で走れる距離） km

木	金	土	日

月

★今月の目標

月	火	水
日		

● 今月の練習内容

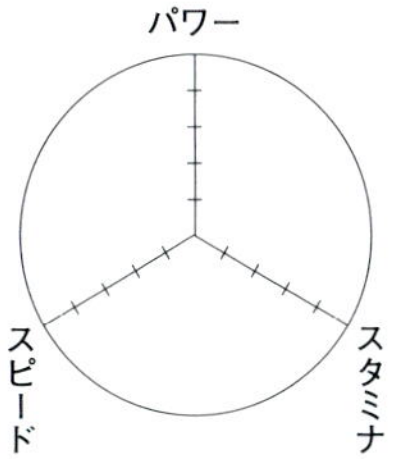

● 練習の割合

Skip《スキップ》

割

Walk《ウォーキング》

割

Run《ランニング》

割

月　日　曜日

大会まで
あと　日

天気

気温　℃

本日の練習メニュー（予定）

実際にやったメニュー

ドリル

ラン

著者紹介

鈴木清和（すずき きよかず）

1972年、秋田県生まれ。スポーツマイスターズコア代表。ACAF認定アスレチックトレーナー。駒澤大学陸上競技部出身。

選手時代にケガに悩まされた自身の経験をもとに、それぞれの体型に合った「無理せず」「ケガなく」「効率的」な走り方で、42.195 kmを走り切る『やわらか走』を提唱。シューズ選びからフォームの確立まで、きめ細かいケアにより、多くの市民ランナーをフルマラソン完走へと導いている。特に「いつまでたっても距離やタイムがさっぱり伸びない」「マラソンの後半で脚が動かなくなる」「膝が痛くて走るのをやめてしまった」といった、悩めるランナーから熱い支持を集めている。

STAFF

撮影　　丸毛透	本文イラスト　　宇和島太郎、中川原透
モデル　　今藤ひな（フロス）	デザイン　　コンボイン
編集協力　　佐口賢作	衣裳協力　　ミズノ（著者衣装は私物）

［図解］やってはいけないランニング
速さと持久力が一気に手に入る走り方

2017年2月5日　第1刷

著　者	鈴木清和
発行者	小澤源太郎
責任編集	株式会社プライム涌光
	電話　編集部　03（3203）2850
発行所	株式会社青春出版社

東京都新宿区若松町12番1号〒162-0056
振替番号　00190-7-98602
電話　営業部　03（3207）1916

印　刷　大日本印刷　　製　本　フォーネット社

万一、落丁、乱丁がありました節は、お取りかえします。
ISBN978-4-413-11205-5 C2075
ⒸKiyokazu Suzuki 2017 Printed in Japan

本書の内容の一部あるいは全部を無断で複写（コピー）することは著作権法上認められている場合を除き、禁じられています。

ストレッチ

これを
知らなければ
時間をかけても
硬いまま

［図解］
やってはいけないストレッチ

老けない体は
柔らかい筋肉から
つくられる

A5判　1250円
ISBN978-4-413-11166-9

「伸ばしたい筋肉
を意識する」のは
逆効果！

やってはいけない
ストレッチ

新書判　838円
ISBN978-4-413-04398-4